100亿个明天

科幻技术如何成真并塑造人类的未来

[英] 布赖恩 · 克莱格（Brian Clegg）——著

刘甸邑——译

How Science Fiction Technology
Became Reality and Shapes the Future

TEN BILLION TOMORROWS

中信出版集团 · 北京

图书在版编目（CIP）数据

100亿个明天 /（英）布赖恩·克莱格著；刘甸邑译
. -- 北京：中信出版社，2017.7
书名原文：Ten Billion Tomorrows
ISBN 978-7-5086-7588-6

I. ① 1… II. ①布…②刘… III. ①科学知识－普及读物 IV. ①Z228

中国版本图书馆CIP数据核字（2017）第108454号

100亿个明天

著　　者：[英] 布赖恩·克莱格
译　　者：刘甸邑
出版发行：中信出版集团股份有限公司
（北京市朝阳区惠新东街甲4号富盛大厦2座　邮编　100029）
承 印 者：山东鸿君杰文化发展有限公司

开　　本：880mm×1230mm　1/32　　印　　张：10.25　　字　　数：201千字
版　　次：2017年7月第1版　　印　　次：2017年7月第1次印刷
京权图字：01-2016-3828　　广告经营许可证：京朝工商广字第8087号
书　　号：ISBN 978-7-5086-7588-6
定　　价：49.00元

献给

吉莲，切尔西，丽贝卡

〈 目 录 〉

第1章

雾里看花

从 1963 年 11 月预测未来，美好和恐怖等量齐观。科幻小说是这么告诉我的 。

1963 年 11 月 22 日的那件事①震惊世界。但是，对于当时还是小孩子的我来说，接下来的那一天则更有意义。因为就在那天，英国科幻电视剧《神秘博士》开播了。电视剧情节中货真价实的科学不真实得像奇幻故事一样，类似的概念可见诸卡尔·萨根的《宇宙》（*Cosmos*）和帕特里克·穆尔的《仰望夜空》（*The Sky at Night*），继而由《星际迷航》带入了一个全新的叙事领域。感谢科幻小说，让我得以窥见未来。就像英国考古学家霍华德·卡特在 1922 年成功探索古埃及法老图坦卡蒙的陵墓一样，我也从科幻小说中如愿看到了“美妙的事情”。这些故事让我大开眼界。

一开始对我影响较大的是科幻电影，比如有时代感的经典

① 那件事指时任美国总统约翰·F. 肯尼迪在美国得克萨斯州被暗杀。

的《禁忌星球》（*Forbidden Planet*）和能带来全新体验的《2001太空漫游》（*2001: A Space Odyssey*）。然后，便是书。我用自己赚的钱买的第一本书是赫伯特·乔治·威尔斯的《时间机器》。直到现在，我都保留着这本早已破旧不堪的纸质书。我对这个故事并不感兴趣。11岁时，我并不喜欢这本书。直到现在，我也觉得它枯燥无味。但是幸运的是，在我的"科幻狂人"父亲的影响下，我常能在图书馆一饱眼福，徜徉在那些来自科幻小说黄金时代[①]的冒险旅程中。艾萨克·阿西莫夫、C. M. 科恩布卢特和弗雷德里克·波尔、约翰·温德姆、阿尔弗雷德·贝斯特尔、罗伯特·海因莱因、雷·道格拉斯·布拉德伯里，以及他们的奇思妙想指引我通往喧闹而瑰丽的未来。

如果你是一名科幻小说迷，那么首先我应该解释一下为什么我会偶尔使用"sci fi"（科幻小说）这个缩写。

阅读且热爱科幻小说（science fiction）的人通常只接受SF这一缩写。然而对于"sci fi"这一用法，不管你的发音是"sky fi"或是"sy fi"，都会让内行瞧不起。（曾经有人试图用具有讽刺意味的"skiffy"，意思是"尴尬、不确定"，并仅用它来指代电视和电影中的太空歌剧[②]。）使用缩写"sci fi"的初衷是好的，可

① 科幻小说黄金时代指20世纪四五十年代，硬科幻小说兴起，经典作品陆续出版，科幻小说逐渐为人所知。——译者注

② 爱因斯坦的"相对论"等现代物理理论问世后，1920—1930年科幻小说的主题基本分为两类：星体间、星系间的奇遇故事，或者虚构的探险活动。这一时期的作品被称为"太空歌剧"。——译者注

能是超级科幻迷福里斯特·J. 阿克曼最先开始这样用的，和“hi fi”[音响术语“高保真”(high fidelity)的简称]遥相呼应，然而这个“hi fi”缩写后来经常出现在媒体报道中，特别是被那些不太懂这个文学流派的人随意乱用。我认为，这个缩写词对本书的某些主题来说很契合；就像这个词一样，这本书捕捉到了一个稍显过时却激动人心的视角，这并不是科幻迷的视角，而是正常世界的视角——在一个逐渐被科幻小说深度影响着的世界里的视角。

曾经，在年纪尚小、还不知道这类文学的名称的时候，我深深痴迷于科幻小说里面出现的超前的科技。现在，用成熟的视角回顾过去，人们往往会有些失望。2001 年早就已经过去了，我们还是不能随意往返于地球与月球基地之间。我们的汽车不能飞行，战争中也不使用射线枪和光剑。但是，这些并不是科幻小说或者它和现实世界的关系的重点。

科幻小说偶尔会成功地预测未来，这是不争的事实。典型的例子是阿瑟·C. 克拉克在 1945 年对地球静止轨道的预测。遗憾的是，虽然克拉克是一名杰出的科幻作家，但是这个预测最初是以科学论文而非科幻小说的方式发表在《无线世界》(*Wireless World*)杂志上的。科幻小说中通过喷射带电粒子推进宇宙飞船的离子驱动器出现得远早于现实中与之类似的宇宙飞船推进器。此外，有“预言加工厂”之称的赫伯特·乔治·威尔斯也做出过很多准确的预测。

科幻小说里很多令人印象深刻的戏剧性的预言便是出自这个伟大的科幻小说先驱之手。威尔斯在1903年的短篇小说《陆战铁甲》(*The Land Ironclads*)中描述了坦克在战争中的功用，比第一辆坦克出现的时间早了13年。威尔斯否认这是自己的原创性发明，解释说他仅仅是采纳了当时已经存在的一些想法，就像达·芬奇绘制的锥形人力轮动武装车辆一样。之后，威尔斯又灵机一动，在1908年写下《空中决战》(*The War in the Air*)这本书。像书名展示的那样，书里描绘了从飞机上扔炸弹的场景。虽然当时确实有从热气球上扔炸弹的先例，但是距莱特兄弟第一次试飞成功只过了5年，而威尔斯在当时就已深刻认识到这项新科技在战争中的潜力。

在1914年的一本鲜为人知(晦涩难懂)的著作《解放全世界》(*The World Set Free*)里，威尔斯给出了他最著名的预言。在这本书里，这个其貌不扬的英国绅士用天马行空的想象做出了惊世骇俗的论断：在1956年，美、英、法三国将与德、奥开战，人工放射性物质被用于发电，核能被用于制造大规模杀伤性武器，威尔斯将之命名为“原子弹”。这一切预测都已被历史证实，这足以让人汗毛竖立、毛骨悚然，而且这些都出于以第一人称时间旅行者口吻写出《时间机器》的威尔斯的笔下。

单就故事中的片段和历史中的现实有惊人的吻合这一点而言，《解放全世界》就已经令人称奇了。“放射性”这个概念始现于世纪之交；在 1933 年的时候，核物理学家欧内斯特·卢瑟福还断言：“原子分解产生的能量微乎其微，想把这些原子的变化转化为能量无异于痴人说梦。”

次年，利奥·西拉德提出“核链式反应”的概念，使利用核能成为可能。1942 年，恩里科·费米在芝加哥的一个废弃的橄榄球场看台下建造了历史上第一个核反应堆。仅仅 3 年后，在 1945 年 7 月 16 日，第一颗原子弹在三位一体核试验中被成功引爆。其实，威尔斯的未卜先知不需要时间机器或者超能力。他确实有真知灼见，但同时也很幸运。当我们纵观所有的科幻小说时，你会发现绝大多数的预测都无疾而终、未成现实。

很难想象，有其他科幻作品能比《解放全世界》更接近历史事实，威尔斯确实值得赞赏。你也许好奇自己为什么没有听说过这本书，或者这本书为什么不如《时间机器》或者《世界大战》有名。事实上，与威尔斯的其他文学作品相比，《解放全世界》文笔寡淡。这反映了科幻小说的另一个特点，科幻小说不是未来学。

科幻作品不能预测未来，它只是在设想“如果……会怎样”这样的问题。作品里提到的未来会不会成真并不重要，只要作品生动有趣就好。科幻小说的目的是描绘人类面对新鲜而有趣的环境时做出的反应。如果某个作家足够幸运，能猜中未来发生的事情，那样固然很棒。但是，这绝对不是这些故事的主旨。在“科幻小说”这个词里，“小说”二字才是重点；如果故事枯燥乏味，那么就算涵盖再多的新奇科学也无济于事。

科幻小说的两个伟大先驱儒勒·凡尔纳和赫伯特·乔治·威尔斯看待科学和科幻小说的观点截然不同。凡尔纳直截了当、不屑一顾地这样评价他的年轻的英国竞争者：

> 我们两人的作品完全没有可比性，我们的写作方式不同。我觉得他的故事没有任何科学依据……我则运用了物理知识。他发明创造，我所说的利用从大炮中发射出的炮弹去月球则谈不上任何发明创造。他坐飞船去火星，而飞船是用不存在的反重力物质打造的。这样很好——但是，这种物质真的存在吗？让他自己去造！

21世纪科幻小说家亚当·罗伯茨指出，凡尔纳并没能自圆其说。诚然，威尔斯的确虚构了不太可能成真的反重力物质“卡沃尔”，但是他严谨地在小说中持续使用了这种物质。他的故事需要已知科学以外的新物质，然后他用已知科学很好地诠释了这种新物质的潜在用途。而凡尔纳确实用了现实中的简易版替代物——大炮，但是他在用这个物品的时候完全忽略了物理原理。在他的那个年代，我们早就知道人类无法承受从炮筒中脱离地球引力的加速度，不管用什么样的减振措施，人类都会瞬间被挤压成肉泥。

与科幻小说预测未来相呼应的是，真实生活会模仿小说中的发明，或者从中获得灵感。这就是科幻小说的影响力。不是说科幻小说能成功地预测未来，而是它能启发那些创造未来的人——不仅是鼓励可能的发现，同时也预警潜在的危险。虽然有些学者觉得科幻题材缺少文采，但是自从科幻小说诞生以来，它就比其他的文学小说对日常生活有更大的影响。文学小说家对科幻小说家惯常抱有的蔑视态度源于嫉妒，因为他们精雕细琢的作品并没有像科幻作品一样有那么多的读者。许多科学家和工程师都承认，他们在孩提时代都深深地痴迷于科幻作品，在阅读中培养了好奇心，这从某种程度上使他们投身于现在的领域。

受科幻梦想的不断推进，空间旅行成为一个老生常谈的主题。当韦恩赫尔·冯·布劳恩发明的V–2导弹在“二战”中攻打英格兰和柏林的时候，这项发明的军事用途对它的发明者来说已不重要了。布劳恩的本意是把人类送入太空。（这绝不是轻视那些在战争中因V–2导弹而死去的人或者被摧毁的城市，但是空间旅行确实是受布劳恩启发而成真的现实。）还有康斯坦丁·齐奥尔科夫斯基，这位被誉为“火箭之父”的苏联航天理论家像设计火箭一样全身心地创作科幻小说。

科幻作家的妙笔生花也会让科幻对现实产生负面的影响，比如大量伪科学的产生。许多有关飞碟和外星人到访的虚假报道都是从科幻小说类似的桥段里获得的灵感。科幻小说家描绘外星生物是小绿人，于是大家也说看见过小绿人。当《X档案》和其他电视节目、电影描绘出大眼睛、灰皮肤的外星人时，目击外星人和被外星人挟持故事的主角们也会描述同样的见闻。

还有一个有争议的说法就是，像苏格兰小说家罗伯特·路易斯·史蒂文森的《化身博士》一类的书为奥地利心理学家西格蒙德·弗洛伊德的研究打下基础。（弗洛伊德提出类似的观点，认为大脑中原始的、部分被控制的部分叫作“本我”，这和史蒂文森描绘的海德先生异曲同工。）虽然弗洛伊德的理论被用作心理分析、咨询的方法论标杆，但是科学界依然倾向认定弗洛伊德的理论并非科学。当然，那一整套所谓的山达基教灵修运动也都基于科幻作家L. 罗恩·哈伯德的臆想。

虽然科幻小说不像时间机器一样能让我们窥见未来，但是科幻作品确实在科技创新方面有着举足轻重的地位。本书将与读者一起品味科幻作家们杰出的想象力，以及这些想象力对真实世界科技创新产生的有力影响，反映出我们对科幻作品的希冀，有的新科技确实也是受科幻作品启发而成。不管怎样，我们都受益于这些无处不在的新科技。

没有任何其他的文学形式能够利用一切小说的最基础的驱动力（人物对新的挑战和环境，以及自身的改变所做出的反应），同时还能像科幻小说一样将它运用到各个领域。在科幻作家们的想象力中，我们身边的工作、环境、科技，甚至是人类本身都可能发生改变；面对意想不到的新机遇，你只要回答“如果……会怎样”这个问题就可以了。

诚然，在科幻小说的历史中也有许多垃圾作品，它们多半具有内容相似的故事结构，新瓶装旧酒，毫无新意。但是，这也未必会产生糟糕的作品——经典的科幻电影《禁忌星球》就是一个绝佳的例子，故事的情节模仿了莎士比亚的《暴风雨》。但是，科幻小说给我们机会去思考人类（或者非人类）面对的潜在机遇。

除了漫画和好莱坞电影中的宇宙飞船和射线枪，科幻小说还有更多的表现形式。不可否认，这些新鲜的科技（特别是对年轻的读者来说）是最为吸引眼球的元素。把科幻小说中的想象和现实结合在一起往往会特别引人入胜，如《黑客帝国》和人工智能，不仅审视现在已经存在的科技，而且还思考了这些科技对未来产生的可能影响。结果往往既怪诞，又有趣——我们可能永远不会面对《星际迷航》里的反派博格人，但是现在市面上确实已经可以找到遥控甲虫和机械蟑螂了。真实出现的物品和科幻小说中的对应物往往各有所长，很难说孰优孰劣。比如，苹果手机的声控系统Siri可能比不上《2001太空漫游》里的超级计算机Hal有智慧，但是声控系统Siri只需一部手机就能容纳，而超级计算机Hal却要占用一幢房子的空间。

我把科幻小说当作写作素材和灵感来源，所以我觉得我应该试着定义什么是科幻小说。关于空间旅行或者去神奇的地方探险的想法（比如爱尔兰作家乔纳森·斯威夫特1726年的著作《格列佛游记》）已经存在了数百年，事实上，这一说法可能会有争议，因为荷马的《奥德赛》也是在描述类似的想象。这些作品和科幻小说相似，但本质却不同。虽然这些作品都是基于“如果……会怎样”的理念，但是科幻小说需要一切情节在物理上可行，哪怕是一些常见于科幻小说中的、仅存在于想象中的物理现象，比如超光速。

在玛丽·戈德温的哥特式小说《弗兰肯斯坦》（当开始构思这个故事的时候，她还没有和浪漫主义诗人雪莱结婚）里，也包含浓厚的科幻色彩，但是科幻小说真正的诞生还是在威尔斯和凡尔纳那个年代。那会儿，他们写的故事被称作“科学浪漫小说”。直到20世纪二三十年代，“科幻小说”这个词才被首次使用，成为它现在的说法，原来是由科幻通俗读物出版先驱雨果·根斯巴克发明的别扭的混搭拼写“scientifiction”。根斯巴克这样定义它：“引人入胜的浪漫主义文学，加上科学事实和诗意的意象……不仅仅是引人入胜的精彩故事——它们也有教育意义，提供知识……”

虽然根斯巴克对科幻小说的教育意义有固执守旧的观点，但是这些通俗读物很快就由教条的科普内容转变成了广为人知的娱乐、惊悚、恐怖故事——唯一不变的就是里面包涵的科学概念。科幻小说的一个现代定义可能类似“以科学和技术作为背景前提，用于探寻人类（或非人类）行为的故事”。虽然科幻小说帮助人们产生新想法和发明新科技，但是科学本身并不是最终目的。说到底，好的科幻小说的核心是人。

由于罗伯特·海因莱因的扛鼎之作《星船伞兵》的存在，

乔·霍尔德曼的小说《千年战争》基本已经被人遗忘了。但是，霍尔德曼的书确实包涵了有趣的科学知识，当飞船速度接近光速的时候，时间就会变慢。但是，故事的核心是，在宇宙深处工作的人们完成任务回到地球后，发现他们认识和挚爱的人已经衰老、去世之后的心理变化。20 世纪 80 年代模仿《星球大战》的电视剧《太空堡垒卡拉狄加》素材陈旧，但其最新的翻拍版本却更加有趣（甚至有评论说比原版《星球大战》还精彩）。在新版电视剧里，故事的主线不再是宇宙飞船和空战，而是主要人物的心理状态。

有人讥讽地定义科幻小说为“科幻作家写的东西”。诚然，一个文学作家涉猎科幻题材，写出来的作品常常也不被称作科幻小说，因为这一流派显然不是文学界最受关注的流派。“推测性小说”（speculative fiction）常常取而代之，它强调了科幻小说中回答“如果……会怎样”问题的重要性，同时描绘了探索后获得的结果。纯粹的推测性小说范围更宽，有时也包括奇幻作品。

在普通书店的科幻专区，你会发现里面充斥着“剑与魔法”一类的奇幻作品，比如脍炙人口的《权力的游戏》或者经典作品《指环王》，却没有很多真正的科幻作品。就像我们刚刚讨论过的，奇幻作品常常和科幻小说联系在一起，但是它们之间的分界线就是，其中的理论是否至少在幻想上是科学的，“幻想上是科学的”可以有很多解释。比如，爱因斯坦告诉我们光速不可超越。但是，很多扭曲时空的方法都能绕开这个定律。而且一些明显不可违背的物理定律，可能在其他的平行宇宙却是可行的。

如果故事发生在我们现在的这个世界，那么有些基本的概念是不能被打破的。魔法不太可能在科幻小说中出现，因为会违背质能守恒定律。但是，如果科学超出了某个小说中人物的想象力，被他们认为是魔法，这却是完全有可能的。想象还没有被发现的科学并没有错，这些想象中的科学也可以兼容已知的概念。但是，想象不能太离谱儿。因此，即便这本书里会涉猎让人难以置信的科学和技术，我们也不能假想看到一条体积像蓝鲸那样大的飞龙或者一只大小可与大象比肩的蜘蛛，因为物理上它们都不太可能存在。

在阅读本书的过程中，你也许会试着指出被我遗漏的某项科技或者你深爱的某位作家。我不希冀这本书能包罗万象。这本书的每一章都以某个特别的例子为核心，然后由此讲述一系列类似的装置和科技；但这不是一本百科全书一样的词条书，穷尽每种科幻小说里提到的科技，然后在现实世界中找到与之对应的事物。比如，讲钢铁侠的一章会着眼于火箭背包的进化史，同时还有个人飞行器以及外骨骼装甲的发展历史。有所遗漏难以避免，但是我想强调这本书绝不是一本词典。

你也许会觉得这个世界在我的笔下被技术化或者美化了。众所周知，科技是一把双刃剑，好坏参半。比如，人工智能如果超出了可控范围就会成为麻烦。然而，我不会为我的乐观态度表达歉意——总的来说，人类科技水平的进步是一件好事。

回顾人类在20世纪科技巨变以前的生活，除了极少数的精英阶层，大多数人活得异常艰辛。不可否认，现在依然有上百万人在那样的环境中生活，但是正是由于科技的进步，我们可以更自由地享受生活：飞机使你用几个小时就能遨游世界，通信设备让你几秒钟内就能和地球上任意一处的人交流。而我们当中很多人的祖先是仆人、劳工，他们整日劳作也只能勉强糊口。也就是几百年的时间里，医药从猜测转变为科学，达到延长寿命、治愈疾病的目的。我们在交流、工作、教育、娱乐等各个方面都远超过我们的祖先——不像他们那个时候，我们这个时代的大多数孩子不会早亡。

人们很容易对科技发展抱有悲观态度，但是我认为，在科幻小说的启发和指引下，我们可以自由地享受惊奇带来的快感，由假想的创造带来的单纯的快乐让我们在真实的科技成就面前，也能自由地感受到类似的兴奋和喜悦。

我们常常对生活中的改变熟视无睹。在我小的时候，没有手机和彩色电视，整个英国只有两个电视频道；10岁的时候，家里才买了第一台冰箱；11岁的时候，终于安装了暖气。上小学时我有一个朋友，他家里没有洗澡间，只能把锡制浴盆放在壁炉前洗澡。科幻小说里瑰丽的未来呈现的是另一个世界，虽然我们现在的生活和科幻小说家预想中的不同，但是这些令人叹为观止的科幻作品本身就已经弥足珍贵了。

从哪儿写起呢？可选的主题真的太多了。为了强调最杰出的科幻小说并非出自20世纪中期的美国科幻小说黄金时代，我想用一个标志性的选择开始接下来的一章：

选蓝色药丸还是红色药丸？它们又分别对应着什么样的结果？

第 2 章

蓝色药丸？红色药丸？

有些电影会带给我们在少年时期第一次阅读科幻小说时的那种快乐。我们坐在电影院，随着情节起伏，不禁会发出赞叹声！

这些科幻作品不一定是最好的电影，也不一定有最棒的剧本，但是，它们更注重于真实和动人。比如，在1999年的《黑客帝国》里，男主角尼奥选择“蓝色药丸还是红色药丸”的情节是如此令人难忘。虽然那时候我已经是一个成年人了，但是《黑客帝国》对于禁锢在我内心深处的童心来说简直太有吸引力了。许多观众会因为这部电影的瑕疵而爱上它。尼奥在办公楼里狂奔，被电话里的神秘声音指引着：“不，是另一个左边！”我们都痴迷其中。这样的情节能带给我们类似于坐过山车般的失控快感。

1999年好像已经是很久以前了。（你是不是不能相信《黑客帝国》已经那么老了？电影情节的核心元素之一是“高科技”产品——诺基亚黑白屏翻盖手机。）毕竟，当时是20世纪。但是，“母体”的首秀却并不在《黑客帝国》中。我之前也邂逅过相似的概念。这不是暗指沃卓斯基兄弟的剧本并非原创，而是说这是一个奇怪的巧合。在经久不衰的电视剧《神秘博士》于1976 年播出的一集里，也有一个基于计算机的虚幻现实世界叫作“母体”。在“致命刺客”这一集中，母体是一个能提供可视化世界的计算机系统，人只要戴着特制的头盔就能进入虚拟的世界中。真实世界里的人可以通过虚拟世界里的化身相互搏斗——如果虚拟化身被杀了，那么对应的真实的人也会死掉。这让你想起什么了吗？

1976 年的《神秘博士》里还没有出现“赛博空间”这个概念。6 年后，作家威廉·吉布森在发表于《全能》（*OMNI*）杂志的文章中首次提及。虽然当时互联网的前身阿帕计算机网已经出现了，但阿帕计算机网只能用来远程登录大学或者军事单位。互联网的雏形大约产生于 1982 年（在《全能》杂志以外，现实和想象并驾齐驱），蒂莫西·约翰·伯纳斯–李从 1990 年才开始在欧洲核子研究组织构建万维网。

巧合的是，也是在 1976 年，一个真正的基于计算机的虚拟世界诞生了。当时效力于阿帕计算机网的美国计算机工程师威廉·克劳瑟想出了一个吸引计算机狂热者的点子，我也是被吸引者之一。克劳瑟是 1974 年横空出世的角色扮演桌游《龙与地下城》（*Dungeons and Dragons*）的爱好者。他用早期的计算机设计了一套仿真的洞穴系统。在他的婚姻破裂后，他想利用这款游戏（如果这不是一幅真的游戏地图的话）陪女儿们玩耍。于是，他将一个简单的小游戏整合，用命令行对计算机下达指令，进而建立起一个虚拟世界。当时还是研究生的唐·伍兹对这个游戏进行了改进，增加了幻想的元素。

初期的游戏玩家会被告知他们在一系列相连的洞穴中的位置，然后玩家会被要求向不同的方向移动。他们也许会发现宝剑或者宝藏，或者可怕的怪兽，一切都用言简意赅的句子描绘。所有的画面都是玩家脑中想象出来的。克劳瑟把他的游戏命名为“巨洞冒险”。但这并不是第一个电脑游戏，1972 年面世的单机网球游戏《乓》（*Pong*）才是，这是一个用简单的电子摇柄在电视上玩儿的游戏。但是，克劳瑟的《巨洞冒险》是第一个电脑冒险游戏（冒险游戏的开山鼻祖）。

也是在 1976 年，我从繁华的剑桥大学搬到位于英格兰北部的荒凉的兰开斯特大学读硕士研究生。直到那时，我的计算机技能仅限于利用简单的公式翻译语言（Fortran）、打孔机和纸片写些小程序。但是，兰开斯特大学有个秘密武器，即由现在已经长期停业的国际计算机有限公司（ICL）生产的古董一般的 1900 系列计算机所运行的乔治 3 操作系统。操作系统改变了用户和计算机的交流方式，突然间，与计算机进行即时交流成为可能。用户通过电传打字机和电子打字机与计算机交流，接收键盘输入的信息，打印出计算机的输出信息，而不再需要把打好孔的纸片放入阅读器，等待行式打印机输出信息。

上学的时候，我为了完成作业只是偶尔会用到乔治 3 操作系统。直到现在，我在登录后最常键入的命令仍是“ADVENT”（冒险）。用这个命令可以在美国迪吉多公司的PDP–10 大型计算机上运行《巨洞冒险》。在计算机房的荧光灯下，我一直玩到深夜，沉浸在一个由想象和老式打印机嚓嚓作响的打印针头构建的世界里：

> 你在道路的尽头，前面是一座石头小屋。你周围是森林。一股溪水从房子里流出来，流到深沟里去。

当我键入“进屋”，系统会回复：

> 你在房子里面。房子里面流出一股溪水。房子还不错。
> 地上有几把钥匙。
> 旁边有一盏点亮的黄铜灯。
> 还有食物。
> 一瓶水。

冒险就这样开始了。每当读到这些饱含回忆的句子时，我都会激动得浑身起鸡皮疙瘩。这份感情独一无二、无与伦比。这是一个由文字构建的世界——这些文字冒险游戏也被称作交互式小说，命名恰如其分。在当时来说，最大的突破是计算机程序对日常生活中的词汇产生反馈，而不仅仅局限于简明扼要的计算机命令。后来，我就职于英国航空公司。那里的PDP–10

大型计算机让我可以继续把这个游戏发扬光大。接下来发生的事情是对“母体”概念的进一步实现，通过游戏联系到身处各地的玩家。《巨洞冒险》仅仅是让玩家一个人自得其乐，《星际迷航》游戏的另一版本《空间帝国》（*DECWAR*）则完全不同。

《空间帝国》是一种多人游戏。在不同的房间，甚至不同的建筑物中，每个玩家都有一台电传打字机，少数有条件的玩家会使用不带纸张和针头的视频显示装置。每个玩家都可以选择加入星际联邦或者异族克林贡的阵营。飞船在航行的过程中可以探测到其他飞船，玩家可以选择和其他飞船进行交流，或者选择用相位枪或者光子鱼雷来击毁飞船。我们这些游戏老手可以在新手学会怎么玩游戏之前，就把他们的飞船轻松歼灭。此时，把科幻小说变成虚拟现实已指日可待。

文字冒险游戏和电脑游戏《星际迷航》是虚拟现实的最原始的形式。渐渐地，冒险游戏开始运用静止的图像和一些可以让玩家转换视角的粗糙动画，但这意味着玩家要不厌其烦地从卡带中载入数据。1987 年，一个计算机爱好者提出了虚拟现实发展的最初理论，这让电脑游戏的魅力远远地超越了“你在道路的尽头，前面是一座石头小屋”这类文字描述。这个计算机爱好者名叫约翰 · 卡马克。他是 3 款具有划时代意义的游戏的背后缔造者。正是因为卡马克，我们才看到了《星际迷航》的完美回归——加入了全息甲板的《星际迷航：下一代》。

我们在第 4 章的时候还会回到这个话题上来，虽然科技日新月异，但是卡马克提出的理论是概念之源。当时，还年轻的卡马克只是想在显示器上构建一个能让玩家沉浸其中、身临其境的游戏而已。在那时，计算机图形学风靡一时，特别是基于IBM（国际商用机器公司）个人电脑的新研发的软件。虽然认证软件公司（id Software）当时还没有开发出游戏《德军司令部》（*Wolfenstein 3D*），但是这个由卡马克建立、约翰·罗梅罗担任游戏设计师的公司已经展现出在单机游戏上的杰出潜力。

诚然，《德军司令部》像素较低、颜色单一，但是卡马克穷尽所有软件技巧，参与写出了大量新代码，为的是让玩家体验第一人称视角的史无前例的城堡探险。与此同时，在1993年，另一家公司也凭借一款基于新式彩色苹果电脑而开发的冒险游戏《神秘岛》（*Myst*）加入了这场技术竞赛。这些冒险游戏很相似。玩家移步换景，搜索线索和任务。恰恰是从此时开始，感官体验开始向现实靠近。屏幕上出现的再也不是粗劣的图形，而是电脑生成的精美图像。

《神秘岛》惊艳亮相，迅速和更优秀的图形学平台视窗系统电脑兼容，在接下来的若干年盛行一时。但是竞争对手卡马克并不以为然。《神秘岛》的图像确实精美，但是游戏本身缺少让它进化为虚拟现实的基本要素。玩家不能操纵视角，不能随心所欲地移动，也不能和游戏里的人及物体互动；每次转换地点都很生硬，就像《巨洞冒险》一样，《神秘岛》是一系列不连续的点，而不是连续的空间。

对卡马克来说，平滑的视觉运动是全息甲板的关键步骤，他在《德军司令部》的进阶版本《毁灭战士》（*Doom*）中把这种技术进一步升级。虽然图像不如《神秘岛》华丽细腻，但是玩家可以连贯地在不同地点之间移动，和周围的物体任意互动。《毁灭战士》和接下来的《雷神之锤》（*Quake*）为第一人称游戏建立了基调——这类游戏之后占领了视窗系统电脑上的游戏市场。对于玩家来说，这些游戏无非是屠戮敌人，但是对于卡马克来说，挑战来源于尽可能逼真地接近现实世界的体验——在计算机显示器上产生出视觉上完美的全息甲板。

在我写作本书的时候，卡马克是研发虚拟现实眼镜的龙头公司——奥克勒斯公司（Oculus VR）[①]的首席工程师。虚拟现实让我们不再局限于盯着显示器。玩游戏时，我们很可能深深地沉浸其中，忘记了现实世界。类似于虚拟现实眼镜的辅助器械可以让我们在转头的时候改换视角，用电子手套或者运动传感器让我们的虚拟角色在虚拟世界中任自己支配。

可穿戴设备的发展日新月异，但是对于生活在“母体”的居民，还有其他科幻小说中生活在虚拟现实中的人们，以及威廉·吉布森在20世纪80年代提出的“赛博空间居民”来说，由于绕过了感觉器官而直接用信号对大脑进行刺激，虚拟世界和现实世界将会变得难以区分。如果硬说有什么区别，就只能说

① 奥克勒斯公司已被脸谱网公司于2014年收购。——译者注

虚拟的世界往往更加色彩缤纷、引人入胜。这点是可穿戴虚拟现实设备望尘莫及的。虚拟现实不是现实，但是对于“母体”的居民来讲，除了偶尔的系统扰动而重复出现的猫[①]，他们的感觉和在真实世界的感觉并无二致。在“母体”或者其他类似的环境中，信息被直接传入大脑，而不是由感官（比如触觉、运动感觉、视觉和听觉）传导信号。

借由如今日新月异的科学技术，我们在以下两个方面离真正的“母体”还存在一定的距离。一个是交互界面，另一个则是所能达到的细节粒度[②]。第 15 章里会谈及，用插入脑中的电极传输信号以恢复视觉的工作已经取得一定进展。但是，任何脑外科手术都不是小事，而且完全通过“母体”中的插孔、插头来模拟仿真的交互界面也不切实际。在《黑客帝国》电影里，机器将插头插入人体内，但这些机器后来鸠占鹊巢，成为世界的主人。如果沿着这个思路走下去，我们就要承担植入娱乐器械的手术的风险——即使手术能创造一个接近完美的仿真世界，很多人也不会愿意为此受皮肉之苦。

理想的方法绝不是把电极插到脑中——不仅因为手术有风险，而且由于电极迟早会被取出来，所以这只是一个短期可行的方案。因此，终极想法是不需要外接设备就能调控大脑且和

① 男主角尼奥反复看见同一只猫以同样的姿势出现，后来才知道这只猫是由“母体”系统的错误所致。——译者注

② 粒度指分辨率。——译者注

大脑互动。物理连接即便难以避免，也不应该使用极易引发感染的、直接接入肉体的外置接口——取而代之的应该是置于皮下的无线连接装置。大脑蓝牙比插头更有可能被用于“母体”和大脑的真实连接。

由于这种直连大脑的外置式连接非常危险，所以某种非直接的外部连接是大势所趋，而这种非直接连接的简化版本已经存在了。把电极连接到头皮（或者仅仅是戴上一个电子帽）所产生的更高级的脑电图可以从大脑中获取信息。大脑中的神经活动导致细小的电流变化，从而使电极中产生电磁波。这种仪器的原理类似于小型短距离无线电发射机。

这种装置的潜在难题是区分近在咫尺的若干台其他发射机的干扰。大脑中有太多的神经，就现在的科技水平而言，面对数百万的不同细胞，除了探测平均电流，其他的事情都是不切实际的。相较于直连大脑内部的电极，脑电图只能产生极易被其他信号干扰的模糊且有限的输出。即便如此，更精细的脑电图头盔已经在研制中了。毋庸置疑的是，只要时间足够多，脑波探测就会更加精密，我们就可以从大脑中获取更多的信息。

从大脑中获取信息，只是形成一个完整的虚拟现实世界的其中一步。如果你不能控制自己的虚拟身体，那么虚拟现实也毫无意义。但是，同样重要的另一步则是以上过程的反过程，把信息输入神经元，模拟感官输入产生的反应，这比以上谈到的高级脑电图可难多了。已经在研制中的技术包括跨颅磁刺激，即利用外在波动的磁场在脑中产生微小的电流。这项技术在医学上有若干应用，但是现在还不足以产生类似感官体验的刺激。技术革新依旧是前路漫漫，或许现在还不存在的全新设想或方法能加速实现虚拟现实。

和大脑形成有效的交互在技术上已经困难重重，但建立一个完美“母体”的难度却更难。在大脑视觉皮层产生信号刺激是一回事儿，而通过这些刺激形成一个完整图像（并且包括其他所有感觉）则完全是另一回事儿。首先，我们要产生一个达到人眼分辨率的虚拟视野，而且这个视野要随着我们的肢体运动而改变。这类似于卡马克当时面对的挑战，只是更难了。现如今，虽然电影中运用的计算机合成图像和现实世界无异，但是这些图像并非即时生成，而是要烦琐地一帧一帧地生成。在实现虚拟现实以前，我们也许会先产生一个流畅的全分辨率的第一视角游戏（虽然这也许只需要时间和更强大的计算机就能做到）。

在这个游戏成熟以后，我们要把感官和与之相应的神经联系起来。1999 年，由加勒特·斯坦利领衔的一个哈佛大学研究小组从猫的视网膜中获得信号，然后用计算机把它转化为电视上的电子信号，这样电视上模糊出现的就是猫的眼睛中的图像。这和我们想最终达成的目的正好反向——如果把输入的信号投射在正确的位置上，那么理论上猫就能看到电视上出现的图像。即时体验计算机生成的世界还需要很多的科技突破，就像电影

《阿凡达》里呈现的那样，人工模拟出那些原本由我们感官产生的神经信号任重而道远。

在人类发展的几千年里，我们一直相信类似“母体”的虚拟现实有可能存在于现实世界之中。人们都经历过最自然的虚拟现实——梦境。与“母体”不同，梦境不需要避免系统扰动，因为在梦里，人脑负责检查是否有奇异事情发生的检测系统会关闭。在梦中，我们可以毫无违和感地从一处瞬时移动到另一处。从某种程度上说，梦境更像《神秘岛》，而不是《毁灭战士》(或者两者兼有)。

现实中梦境的产生是不可控制的，2010年的电影《盗梦空间》栩栩如生地描绘出更接近于科幻小说中的虚拟现实。电影主角潜入他人的梦境收集信息（“盗梦”），甚至试图以此影响他人清醒时的行为。《盗梦空间》中有许多场景让人印象深刻——巴黎的街道折叠在一起的场景的精美特效，以及三重梦境背后的烧脑思维逻辑，它们更进一步地展示了虚拟世界的载体可以是人脑的可能性。在目前的计算机中创建一个虚拟世界，要比在人脑中建立一个虚拟世界抽象得多。

虽然《黑客帝国》发生在虚拟世界中，但也有场景发生在“现实”世界中——一个已经被摧毁的世界，那里的人只能躲在飞船和地下基地里。在这些飞船中，参与者在进入“母体”之前通过计算机下载获取新技能是司空见惯的事情。也许他们需要学习使用一种特殊的武器或者驾驶直升机，这些都不成问题——插入硬盘、下载技能，下一分钟他们就能变成专家。

耗费数年、漫长无趣、让人殚精竭虑的求学过程让科幻作家经常构想把信息植入记忆里的方法，以免除和学习相关的苦功和无聊（我们不得不诚实地面对这一点）。《黑客帝国》假设我们可以把真实世界里的经验、完成某项任务需要的步骤传送到大脑里，但与此同时，我们可以预见实现这个技术比在大脑中实现虚拟现实要复杂得多。

在其他的科幻作品中，对未来的学习过程基本上有两种广义的设想：加速学习和大脑编程。就像在计算机之间传递信息那样，第二台计算机会像第一台计算机那样“记住”做所有事情的步骤。20世纪50年代由詹姆斯·布莱什创作的《宇宙都市》(*Cities in Flight*)系列就是很好的例子。在该系列的第二部《生命之星》(*A Life for the Stars*)里，年轻的主角克里斯·德福特发现自己意外地跟着斯克兰顿城离开了地球——这座城市会变成一个巨型的宇宙飞船，载着城市的居民逃离已经满目疮痍的地球。后来，德福特去了繁华的纽约，接受教育，并且成为纽约的居民。

受教育的过程被描绘为“加速学习”。在一个灰色的房间里，灰色的气体充斥着整个房间；学生躺在沙发上，戴着头盔，头盔里有上千个电子接触点和他的大脑相连。在类似睡眠的状态里，知识和事实被输入到参与者的大脑里。这不是“母体”中简单的“储存着程序的记忆卡”，而是漫长、艰难、费力的工序，有些学生因为难以承受痛苦而半途而废。但是，这个方法让受教育的过程由数年压缩成了数月。

另一种方法“大脑编程”来源于短命的剧作《吸血鬼猎人巴菲》（*Buffy the Vampire Slayer*）的作者乔斯·惠登创作的《玩偶特工》（*Dollhouse*）。“特工们”放弃自己5年的生命以换取未来生活的财富。在5年中，他们被抹去记忆，在执行任务的时候又被赋予记忆、性格和技能，这让他们成为超级杀手中的佼佼者。通过远程电磁刺激将记忆植入类似于计算机硬盘（剧中把这些计算机硬盘叫作“楔子”）的设备里，从而把信息传入特工的大脑。

《玩偶特工》中的方法与《黑客帝国》中的全脑植入学习方法相似，但两者都低估了人类大脑的复杂程度。如果我们要列出大脑里每个神经元排列组合的所有可能性，大概相当于宇宙里所有原子的总数。当然，如果大脑可以存储信息，那么电子设备也可以存储同样的信息；但是，即使是某个大脑里真实存在的神经元连接，也肯定比任何一台个人设备的存储量都大。

从某种程度上来说，《玩偶特工》中的方法比《黑客帝国》中的更合理，因为它在复制专业技能时不需要编程人员找到这个技能在大脑中的存储位置。大脑和硬盘不同，大脑不会把记忆放在某个特定位置，而是把信息分门别类地储存在各个地方，用一系列连接和支点把信息连在一起。更重要的是，记忆也有很多种。事实信息是通过海马体处理后传输到皮层的。但是，所谓的“陈述性”信息，也就是高级记忆，和低等的如何做某事的“过程性”记忆不一样，高级记忆存储在神经中枢附近的大脑皮层里。

当我们着手学习如何完成某项任务的时候，我们需要使用事实信息的记忆——我们要想清楚所有步骤，这需要花些时间。这也是我们刚开始学习开车或者弹钢琴的时候，会感觉到困难的原因。我们要理智地选择如何一步一步地行动。一段时间之后，这些能力会被逐渐储存在大脑皮层里。过程性记忆不需要有意识地控制，神经系统和行为自动关联在一起，根本不需要深思熟虑。

比如，拿我自己来说，打字就是一种下意识的行为。如果我想打字母C，我就会下意识地把它打出来，根本不用看键盘。我只知道我想打字母C，然后就打出了字母C。但是，如果你突然问我字母C在键盘的哪个位置，我很可能答不出来。我从没接受过标准的打字训练，完全是自学成才，而且我也不认为我认真地记过键盘上字母的排列。（我知道最上面一列字母是QWERTYUIOP，仅此而已。）我想到字母C，然后就打出来了。过程性记忆不需要有意识的“陈述性”信息，就能完成打字的任务。

能完成任务确实很不错，但是通过某种方法提取经验信息，比如驾驶直升机的方法，然后把经验像《黑客帝国》里那样植入某个人的头脑，这是很不现实的。这不仅是因为程序员需要定位大脑里所有有关“驾驶直升机的方法”的信息，而且他需要把如何分析仪表盘等事实信息组合在一起，还要有类似于驾驶员的直觉反应的过程性信息。所有这一切都很难实现。

当然，我们现在离上述目标还差得很远。我们在《黑客帝国》里看到的技术或者《玩偶特工》里的大脑上传技术现在都遥不可及。但是，在过去的很多年里，出现了许多有关《生命之星》中“加速学习”的尝试。而且很有可能的是，布莱什设想的技术其实是基于当时被认为可能有效的无意识状态学习法，也被称作睡眠教学法或者睡眠学习法。但很遗憾，在现实世界中，相关的尝试都不切实际。

产生这种设想的原因是，睡眠其实是某种催眠状态，大脑在此时比较容易接收信息。（被人忽略的事实是，即便这个被过分简化的说法是正确的，也没有证据显示催眠可以帮助人们长时间地记住信息。）所以曾经有这样的设想：想要帮助人们长时间地记住信息，可以在某人处于睡眠状态的时候，对他反复讲述信息，或者更实际些，把一个复读机放在睡眠者的枕头下面反复播放信息。

这个想法（一系列基于此的产品已经面市，包括智能手机上的一些应用）似乎仅仅是基于假想理论，并没有经过实验验证。相关实验在 1956 年证实，巩固记忆只在脑电图仪器能接收到阿尔法脑波的时候才会实现，也就是参与实验的人处于清醒状态时。事实上，他们不过是记住了在清醒时听到的信息，而且只听过一次的信息很难被长时间记住。

科幻作品中的睡眠学习机很难在现实中实现，但这并不意味着我们无法通过睡眠巩固记忆。你在睡眠中确实不能学习新知识，但是整理和巩固前一天学的内容，并把知识变成长期记忆，这完全有可能。我们已经知道，当人在睡眠状态中时，最容易产生刺激作用的是气味。实验表明，如果在学习中某人体验到了某种与众不同的气味，并且在当天晚上睡觉时也沉浸在这种气味中，那么第二天早上他会更容易回想起学习的内容。大脑扫描显示，指导信息储存到脑部其他位置的海马体展现了更好的连接状态——气味似乎有助于巩固记忆。

在学习过程中播放音乐，并在夜晚睡觉时重复播放该音乐，也会产生类似的效果。有的实验使用的方法与科幻作品中的方法较为类似，即对大脑进行外源性电刺激，来扩大巩固记忆的脑波活动。有证据表明，这确实可以增强记忆的储存效果。这个实验的早期版本和科幻作品中的描述有很大不同，但看起来我们确实可以通过睡眠来强化记忆的存储。

除了操控记忆，《黑客帝国》里的“真实”世界还用过一个更加简单的技术，就是电磁脉冲。当来势汹汹、像水母一样的机器人向人类控制的飞船靠近的时候，人类用电磁脉冲来摧毁逼近的机器人，巨大的电磁波让机器人的电路着火损毁。（因为相同的脉冲也会让飞船着火，为了让剧情更加合理，所以飞船在用电磁脉冲之前必须关掉电磁设备。事实上，不论飞船是否关闭电磁设备，飞船的线路都有可能着火，但这只是一个故事而已。）电磁脉冲理论实际上很简单，自然界的电磁脉冲也会产生相同的结果，比如闪电会引起电线着火。

闪电是一种超大规模的放电现象。闪电的威力是惊人的，一个 100 瓦的灯泡每秒钟要消耗 100 焦耳的能量。一次普通的闪电大概能携带超过 5 000 亿焦耳的能量，也就是一个中等规模电站一秒钟产生的所有能量，并在极短的时间里释放出来。放电产生的能量，让空气分子进入疯狂的活动状态。闪电周边的温度可能会达到 2 万—3 万开氏度[①]，远比太阳表面的温度高。急速的升温会使空气的体积迅速膨胀，从而产生了我们听到的巨大雷声。雷声其实是被闪电弹到一边的空气产生的。

闪电划过天空，但把天空一分为二的光并不是电流。加热的金属之所以会发光，是因为金属原子里的电子被赋予了多余的能量，这些多余的能量会变成光子。也是出于这个原因，空气中有多余能量的原子产生了闪电的光。可见光只是电磁频谱中的一小部分，电磁频谱包括红外线、可见光、紫外线、X 射线和 γ 射线等多种不同的射线。许多闪电的电磁辐射都是X射线。

一个导体中的电流会触发相邻导体中的电流，这也是变压器的工作原理。变压器内部的两个闭合回路并没有直接连接，但是一个电路的电流会引发另一个电路的电流：（交流变压器

① 开氏度（K）与摄氏度t的换算关系是T=273.15+t。——编者注

中）电流的改变会产生磁场，变化的磁场会在第二个闭合回路里产生电流。闪电猛然产生的强大电流大概有3万安培。这会形成一个巨大的磁场，继而在附近的金属中引发短暂的电流，这意味着计算机、路由器一类的精密电子器械可能会被电缆和内部电路中的强大电流烧坏。所以，把这些电子设备连接到“浪涌保护器”上是一个不错的主意，因为接线板可以减弱不稳定的电流，减少电器损坏的可能。

从更宏观的角度看，太阳会产生足以损坏地球上所有电器的极强电磁脉冲，甚至损坏不那么精密的电动机。太阳耀斑和日冕物质抛射会定期但不太频繁地发生，太阳表面的巨大风暴在短时间内将带电粒子从太阳表面抛射到太空，同时产生可能对地球造成影响的巨大电磁脉冲。

2012年7月23日，一些了解大型太阳风暴影响的人们担心日冕物质抛射会影响人类的生活。虽然抛射是朝着远离地球的方向，但我们仍有可能感受到它全部的威力。如果抛射是朝着地球的方向，保守估计我们已经失去了所有的卫星。不仅是哈勃太空望远镜，甚至包括GPS（全球定位系统）卫星、气象卫星、通信卫星都有可能被摧毁，都需要重置。日冕物质抛射的强大威力也可能摧毁地球上的一切信息交流方式，也许所有未受到特殊保护的用电线连接的电子器械都会被烧坏。

你也许会想，天空中穿越磁场的飞机也会被毁坏，但这不太可能。飞机的金属外壳相当于一个“法拉第笼”——良导体形成的笼子利用静电屏蔽原理阻止了电磁波的进入（电子相互排斥）。但是，这种保护只适用于完全隔离的设备，比如飞机。如果有电线从笼子外面伸进来，比如电机，那么电线中就会形成电流，并烧毁笼子内部的电器。

美国国家科学院的研究认为，一次类似的太阳电磁脉冲带来的经济损失可能超过2万亿美元，而且修复设备需要历经若干年。想想在卡特里娜飓风之后又过了多久新奥尔良才恢复正常，再想想现在有一个类似的灾难横扫全世界，人们无法再万众一心、互相支援，因为所有人都会觉得自顾不暇。现代商业依赖于互联网和电子通信，顺畅的食物供给和冷藏也高度依赖电。这样的一次太阳活动，至少在较短的时间里，会让地球回到黑暗时代。

幸运的是，类似的灾难性太阳活动不太常见。最近一次对地球造成很大影响的太阳电磁脉冲记录是1859年的“卡灵顿事件”，这次事件以最先目击到太阳火焰的英国天文学家理查德·卡灵顿的姓氏命名。若干强烈的日冕物质抛射同时波及地球。虽然那时候不像现在对电子设备的依赖程度那么高，但是原始的电报线，也被称为“维多利亚时代的互联网”，遭遇了强大的电流冲击，电火花使很多电报局发生火灾，导致整个电报系统瘫痪。下一次类似的自然电磁脉冲大约会发生在未来的100年内。

《黑客帝国》里的电磁脉冲一点儿也不自然。人造脉冲装置早就已经以电磁脉冲武器的形式存在于世了，科幻作品中有，真实世界中也有。在科幻作品中，电磁脉冲通常由大型电磁装置产生，并配以闪烁的灯光和炫酷的电线。比如，在电影《十一罗汉》中用来毁坏赌场供电系统的炫酷的脉冲装置。在真实世界中，人类所制造的最豪华的人造脉冲装置也朴素得多。一枚核弹就可以毁掉一定范围内所有的电气和电子设备。

早期的核能研究就已经表明，核弹对电子器械有摧枯拉朽的作用。如果用核弹攻击某个城市，比如“二战”时候的广岛和长崎，产生的电磁脉冲将不会成为最主要的威胁。如果核设备在高空被引爆，比如说 3 万米（约 19 英里[①]）的高空，那么爆炸的冲击波或辐射对地面的影响不大，但是它会摧毁所有的电子设备。

高空引爆会在空气中辐射出超强的 γ 射线，即超高能量的光。当光和空气原子中的电子相互作用时，电子就会被激发到更高的能量状态，同时激发原子和散射光线。但是核反应所产生的高能光子足以激发原子中的电子，同时产生类似超级闪电的强大的电磁脉冲。高能电磁波射向地球，类似于可以摧毁精密电子设备的闪电，但是前者的波及范围更大，摧毁威力也更强。核电磁脉冲不仅会毁坏电子设备，还能毁掉投射点周围几英里范围内的所有电网。

① 1 英里≈ 1.61 千米。——编者注

和任何种类的电磁脉冲相比，作为电影中“母体”的能量源的“人体电池”所产出的能量微乎其微，至少对普通的人类来说是这样。沃卓斯基兄弟不全是凭空想象——人类确实能从摄取的食物中产生少量的电能和热能，但是用电影中描述的方式获取人体的能量恐怕是最低效的方案，且完全讲不通。有许多远比人体更高效的方法可以把食物中的化学能转化为热能进而转化为电能，尤其是这套系统还需要一个如此复杂和昂贵的母体系统支持（母体本身也会消耗大量的能量）。虽然编剧需要一个把人锁定在系统里的原因，但是故事情节里的这个设定确实是一个败笔。

和不速之客男女主角尼奥、崔尼蒂不同，电影中的大多数人类都被永远地连在“母体”中，从没体验过“真实”的世界。科幻作品中人脑插拔电极的例子不胜枚举，现实世界中也早就有了人脑插拔电极的可能——通常被描述为“大脑连线”，这个词来源于美国作家拉瑞·尼文自20世纪60年代以来在10年里创作的《已知空间》（*Known Space*）系列作品。

在他的短篇小说《手无寸铁的死》（*Defenseless Dead*）中，尼文评价说：“你不能让一个正在进行‘大脑连线’的人注意到你，因为电流正通过一根细细的电线从他的头骨顶端直通到大脑的快感中枢。”诸多科幻作品把“大脑连线”描绘成一种会使人上瘾的娱乐活动，让体验者感受到真实生活以外的快感，而不像《黑客帝国》中那样被用作蒙骗人类的工具。但是作者忽略了哲学家尼克·波斯特洛姆的建议，如果计算机有意识的话，那么计算机自己也会——或者说不可避免地——进行“大脑连线”。

正如波斯特洛姆所指出的，发展人工智能可能会引狼入室，带来危险。我们其实没什么理由会认为一台真正的智能机器会和我们心灵相通，一切按我们的意愿行事。智能机器也许会掌管世界（就像《黑客帝国》里的机器一样），甚至把所有人类赶尽杀绝。又或者，智能机器会无视人类，一味地自给自足，自我满足。换句话说，智能机器也许会成为世界上首屈一指的科学家或者画家，也可能会竭力满足自身的欲望。伴随着互联网的日新月异，直接和大脑交流的“大脑连线”也许是人工智能最有可能的真正宿命。

毋庸置疑，如果真的有实现“大脑连线”的机会，那肯定会有商家不惜一切代价参与进去。广告商很难拒绝直接把消费信息注入消费者脑子（甚至智能机器）里的机会。在科幻作品中，关于广告的身影一遍又一遍地出现。如果产生了能够影响你的技术，那么广告商一定会不遗余力地利用它。

第3章

广告狂人

我生长在20世纪60年代的英国，广告对我没有太大的影响力。相较于美国，我们能接触到的广告少之又少。广播电台不播广告，仅有的两个电视频道中只有一个会插播广告。户外的广告牌也很稀少。只有在电影院里或者进口的美国漫画中，我们才能欣赏到广告艺术的讽刺和幽默。

小时候我常常去一家位于曼彻斯特的专营进口漫画的书店，在那里我接触到弗雷德里克·波尔和西里尔·科恩布卢特在20世纪50年代创作的经典漫画《太空商人》(*The Space Merchants*)。在这本书里，未来被广告和销售主宰。这听起来就像一个无伤大雅的空间旅行者的故事，但这个故事实则描绘了唯利是图的广告商心中的未来世界，这个世界对普通民众来说无异于灾难，作者认为我们可能正在慢慢向这个状态靠近。

在波尔和科恩布卢特描述的未来世界里，商人（由于成书颇早，在当时基本上所有的男人都是商人）一开始还比较收敛。后来，商家为了降低竞争公司的受欢迎程度，在用作学校午餐的垃圾食品“大豆汉堡和再生牛排”的包装上使用了类似竞争公司产品的绿色，同时在自己公司最受欢迎的产品“小烟头香烟”的包装上使用自家公司标志性的红色。这样一来，消费者就会把红色和生活中美好的事物联系起来，把绿色和不好的经历联系起来。

在那个世界中，商家的伎俩并不总能得逞。商家抱怨政府“相信所谓的安全隐患，不让商家把广告贴在飞车的窗户上”，但是商家迅速就想出了对策，开始试验“直接把广告投影在人们的视网膜上”。同时，商家也为自家的新产品“超级最咖啡”的促销活动兴奋不已。一位管理者如是说：“我预计这场产品推广活动将只赚不赔。每包‘超级最咖啡’免费样品都含有 3 毫克的生物碱，这种物质对人无害，但是会让人上瘾。10 周之后，消费者就上瘾了。成瘾的人至少需要花费 5 000 美元去戒瘾，所以喝‘超级最咖啡’就成了最简单的解决办法——每顿饭喝 3 杯，睡前再喝 1 杯，就像包装上说的那样。”

波尔在《太空商人》的续集《商人战争》(*The Merchants' War*)中描绘了 10 年之后的事情，所有的趋势都愈演愈烈。主人公从水星回到纽约，不小心走入“广告区”，他在那儿被动地接受多感官教化，这让他情不自禁地想买“莫可可乐”——“一种让人精神振奋、口感妙不可言的绝佳的巧克力口味饮料，里面有合成的咖啡提取物和精选的可卡因类似物”。从那以后，主人公都会购买、饮用莫可可乐，其中原因他自己甚至浑然不知。

这种极端的广告在书里被称为“坎贝尔反射”，以“知名神经科学的奠基者、资深心理学家、大脑边缘区愉悦疗法的创始人坎贝尔博士的姓氏命名”。事实上，广告受众的大脑会直接接收到产品带来的强烈快感，也就是说，由于受众接受莫可可乐和大脑刺激牢不可分，所以受众会对产品产生依赖。

另外一个对未来广告展开联想的科幻作品是电影《少数派报告》，它描绘了《太空商人》里面没有写到的技术。广告设备扫描每个行人的眼睛，识别人们的视网膜形式。大荧屏上、扩音器里和商店橱窗中出现针对每个行人的个性化广告，向不同的潜在消费者推广商品。

事实上，我们不太可能给予广告商这么大的权力——毫无疑问，市场营销者和推销员都想尽可能地争取。通过《太空商人》，我们知道广告从业者的推广手段五花八门。就像其他的科幻作品一样，不是每件事情都会成真，但是有些潜在的科技和这些作品中的描述已经十分接近现实。

谈到在食物和饮品中加入添加剂，我们也许已经过了那个在可乐中添加古柯提取物的时代了，但是生产商依然在使用两种能让我们自然而然上瘾的物质：糖和盐。我们现在知道糖是我们饮食中最不健康的部分之一，会导致肥胖、糖尿病和心脏问题；盐虽然必不可少，但需要控制摄入量，避免高血压和心脏病。我们中的大多数人都会过量摄入这两种物质，原因之一是生产商知道这些物质在潜意识中对我们非常有吸引力。从汤到汉堡再到面包，还有其他含糖和盐明显过量的食物，都被用来吸引消费者，鼓励他们变成回头客。

也许《太空商人》中最接近现实的伎俩——在许多科幻作品的启发下已经发展到心理层面——就是潜意识广告。就像在睡梦中学习那样，这项技术的核心是在有意识的个体还没觉察到发生了什么的时候，就已经将信息传递到大脑里了。但至今，潜意识信息的效力尚存争议。

虽然从理论上说，潜意识信息可以由任意感官通道做媒介传播，但事实上，最有效的广告（或者宣传，这两者基本同义，区别仅在于主题不同，以及传播主体是不是唯一）都是通过视觉实现的。简短的文字和简单的图像在电视和电影屏幕上一闪而过，只有几帧的内容，虽然观看者也许看到了一闪而过的广告，但他们很可能意识不到它们的存在。潜意识比显意识更加强大，大脑在不知道这些信息的主体的时候，便为这些信息买单了。如果潜意识广告真的起作用，我们就会被带入《太空商人》的领地中去。由于潜意识层面的广告能在不知不觉中改变消费者的习惯，所以这些广告在包括英国的一些国家里是违法的。

潜意识广告的可行性在很大程度上取决于市场研究员詹姆斯·维卡里于1957年在电影院开展的实验。维卡里称，他对超过45 000个人展示了推广可口可乐和爆米花的潜意识图像。他在《广告时代》（*Advertising Age*）杂志上说，在潜意识广告的作用下，可口可乐和爆米花的销量分别增长了18.1%和57.5%。但是没有人（包括维卡里本人）能复制出他的实验结果，他的结论因此被视为伪造，维卡里被认为只是想借此吸引广告主。事实上，虽然潜意识广告不像维卡里说的那么强大，但是它确实有影响。

潜意识信息作为引子非常有效。这是一个心理学机制，当我们接收到引子信息时，我们会在与之呼应的主题出现时变得更加警觉。有证据显示，潜意识信息会强化受众的感受，鼓励他们做出本身就倾向于采取的行为。如果有个人口渴了，看到了一闪而过的“渴”字和一罐饮料，那么这个人就会对广告更加敏感，也更容易购买饮料。从广告商的角度来说，这种潜意识引发的消费者对某品牌饮料的购买冲动蕴藏着巨大的商机，但前提必须是这个消费者口渴了。（可笑的是，维卡里声称，他的潜意识广告不能“让人改买另一种牌子”，他连这个都搞错了。）

对于《少数派报告》中提到的个性化广告，新兴的技术让其中的某些元素变得可行。我们中的大多数人都知道，网络广告商可以拣选一些我们搜索过的产品，推送“相关信息”。比如，我在不久之前预订了一个别墅去度假，于是在我浏览不相关网站的时候也会看到大量有关法国度假别墅的广告。

我认为这种针对性广告会越来越无效，因为它基本上和广告遵循的基本法则相反。首先，它不能区分购买前和购买后两个状态。我们时常能看到我们已经购买了的产品的广告，这样的广告其实是白费力气。其次，这种广告既倒胃口又不合时宜。我感觉整个系统都在“跟踪我”，如果说它会对我产生什么影响，那就是劝阻我再也不要购买这些产品。然而，这样的广告不会消亡。从理论上讲，个性化广告更合理。但是，广告最好能和已经存在的消费更紧密地联系起来，并且不那么公然地进行推销，这样潜在的消费者才不会觉得反感。

当然，网络世界和物理世界很不一样——尽管两者之间的界限越来越模糊，但我们在公交车站和商店橱窗里看到个性化的“跟踪”式的广告是完全有可能的。即便这一切都能实现，《少数派报告》中类似的身份识别机制成真的可能性也不大。视网膜扫描（强制电影中的主人公血淋淋地移植眼球）绝不是简单就能实现的。

在一定距离以外捕捉一闪而过的视网膜图像很难，但视网膜识别却可以在好莱坞电影里大行其道。当然，它只是一种识别技术，绝不是主流选择。借由光学原理对一个人进行面部识别，虽然得出明确的结论比较困难，但确实是比较可行的方法之一，特别是在熙熙攘攘的大街上。抛开其他不说，这项技术已经被用作控制移民人口，对这项技术进行商业推广必将增加成本效益。然而，即便是这样的技术，最终也有可能要为基于互联网的手段让路。

我们中的大多数人都会随身携带一个无线连接若干网络的设备——手机。现在的智能手机都能连接网络、Wi-Fi（短距离无线数据传输）、蓝牙，特别是当手机和网银绑定在一起后，我们的身份很容易就能被智能手机识别。比如，苹果公司的无线支付系统通过指纹识别把手机和支付服务器连接在一起。即便你没有主动使用电话，商店里、道路上的系统也可以和你的设备交互，然后在你走在大街上的时候向你展示类似于你在上网时看到的个性化广告。科幻作品也许不能预测出识别个人信息的准确方式，但是科幻作品中提出的概念是普适的。

还有一种个性化广告没有在科幻作品中被提及，但是它已经成功地出现在现实世界中了：对不同的人有不同意思的广告。这类广告对不同身高的人的作用尤其明显。街上的一张海报，从成年人的视角来看，是宣传保护儿童的公益事业的活动；但从孩子的视角来看，展示的则是被打伤的孩子、热线电话号码，以及“如果有人伤害了你，给我们打电话，让我们来帮助你”这样的信息。这种广告的科技含量比较低，只是用了“光栅印刷”技术，但结果却是出人意料地好。

即便是最疯狂的科幻作品，其中的广告也仅局限于对视觉效果或者意识控制的想象。但在理论上，你可以想象未来有一天广告里的产品可以逼真到让你产生真实的触感。是时候创造力场了。

第4章

全能力场

你攀上岩石，踩着石头小心地跨过湍急的河水，以翠绿的灌木丛做掩护，窥见在广袤的荒野上生活着狮子一家。阳光穿过蓝得不可思议的天空照到你脸上，有个东西爬过来，在你的小腿上蹭来蹭去。这时候，草丛中猛然出现一扇大门。眼前的景色迅速消失，只剩下黑暗空旷的房间。没有岩石，没有狮子，其实你身边什么都没有。欢迎体验“全息甲板”。

毫无疑问，我非常喜欢《星际迷航：原初系列》，这部经典的科幻作品吸引了包括我在内的很多人喜爱上了科学。然而它还不算是最好的一部。当它的下一部《星际迷航：下一代》播出的时候，包括我在内的很多人当时还很年轻，我承认这部片子才是《星际迷航》系列里我的最爱。

和第一部相比，第二部实在是有太多进步了。这部电视剧的成像技术在当时非常超前。我要承认的是，它不如《2001 太空漫游》，其中的特效技术在今天看来严重不合格，但在那个时候，《星际迷航：下一代》开了电视剧制作的先河——你在电视上看到的图像基本上和你在电影里看到的没有差别。同时，对比第一部，这部的剧本绝对有质的飞跃，技术也更成熟，饰演过莎士比亚戏剧的演员帕特里克·斯图尔特的参演让整个电视剧有种不一样的感觉（平心而论，远比詹姆斯·柯克更出色），斯图尔特扮演的星舰船长有种与生俱来的运筹帷幄的风范，也让整部剧有了质感。

但不是所有出现在《星际迷航：下一代》里的技术都是可行的，一个被过度使用的概念就是全息甲板。全息甲板是计算机和真实世界的桥梁，把虚拟现实和物理世界联系在一起，用“力场”（force field）模拟真实的物体，让“参与者”可以体验非洲大草原或 19 世纪的酒吧，或者就像《星际迷航》里的生化人数据（Data）做的那样，和科学家或电影迷扮演的牛顿、爱因斯坦和霍金一起玩扑克。

像很多科幻作品一样，《星际迷航》从第一部开始就不出所料地使用了护盾和牵引光束。我们过一会儿再讨论实现全息甲板的困难，先来说说这其中的原理。力场、护盾和牵引光束都是不需要介质操控我们周围物体的常用科幻方法，这些都真实可行吗？还是仅仅存在于科幻作品中？

力场和护盾好像在过去的几十年里是科幻作品的标配，所以大部分人都知道它们是什么，即便它们都是虚构的。我年轻的时候最喜欢的科幻小说是爱德华·埃尔默·史密斯于 20 世纪 50 年代开始创作的太空歌剧《透镜人》（*Lensman*）系列。史密斯的早期作品《宇宙云雀号》（*Skylark of Space*）系列定义了太空歌剧流派，这里面出现的超自然力量和漫画书里的超级英雄一样，对当时还是青少年的我来说非常有吸引力。在史密斯的作品中，力场会在来袭火力中承受巨大的压力，形成保护罩，同时发出灼热的金属一样的光芒，直到最终被击穿，致使已经毫无防御能力的舰船被强大的激光束摧毁。

《星际迷航》中的视觉效果也许提升了一些，但是其中的护盾基本上还是基于史密斯的理念。科幻作品中的绝大多数宇宙飞船——包括《星际迷航》中用于维护和平的联邦船——都具有战斗模块。即使不参与战斗，飞船也会因为在太空中的超高速飞行而需要一些保护。诚然，我们用没有类似保护的飞船把人类送上了月球，现在也在向火星进发，但部分原因是我们的飞船太慢了。去外太空星球或者更远地方的高速飞船，肯定需要类似于护盾装置的保护。

如果以电影为模型，那么进行空间旅行的飞行员要面对的最复杂的情况就是穿越小行星场，因为在这个过程中他们需要持续躲避密集的石头。事实上，如果飞船的速度不是太快，穿越小行星场就算不上困难——至少穿越太阳系的小行星场不太难。太阳系有许多小行星，最大的谷神星直径有 950 千米（590 英里），而小的则如颗粒状的宇宙尘埃。小行星场在广阔的宇宙中呈分散状态，如果你进入太空，坐在某个小行星旁边，那你看见另一个小行星的概率微乎其微——小行星之间隔着好几公里，而不是像我们以为的呈迷宫状。不负责任地说，我怀疑电影里的小行星场是为了迎合衍生的那些电子游戏才被专门设计成那样的。

当飞船穿越小行星场，开启巡航模式时，真正的问题才开始出现。行星、彗星和类似的星体很容易被雷达检测到，因此飞船可以轻松躲避这些星体的撞击，但是太空中还有许多难以避免的危险物体。尘埃的撞击就非常危险，在高速状态下，就算是特别小的颗粒也可以撞毁几乎任何东西。另外，当宇宙飞船穿越气体云，甚至更危险的高能宇宙射线（太空中如洪水一样的带电粒子）的时候，碰撞会产生极其危险的射线。因此，飞船需要某种形式的保护，比如力场。

如果只是为了反弹带电粒子，用某种类似电磁屏蔽的手段就可以了，它也能在空间战斗中帮你抵挡一些武器伤害。但是，力场则类似于一种无形的汽车安全气囊，可以阻止各种迎面而来的物质。飞船需要被一些向外扩张的东西包围着，以阻止迎面飞来的物质离船体太近或损伤飞船。

力场的基本概念和电影里面的介绍不同，需要追溯到科幻小说的鼎盛时期。英国科学家迈克尔·法拉第早在19世纪早期就提出，磁可以被设想为看不见的力场。电线在磁场中移动，电线切割想象出来的磁力线，产生出电流。力场将其他基本力也包括其中，再加上法拉第的想法有了数学依据，使得场成为现代科学的基本概念。

场是事物——任何在时空中有数值的事物——的抽象图像。（理论上，你可以想象世界上有无数个场，只不过有些场在所有点的值都为0，哲学家闲来无事会以此为乐。）可以用海拔的概念来理解场。在地球上的任何一点，海拔都是一个数值，不同地方的海拔高度是不一样的。你可以想象场就是时空组成的一系列数值，在场中的不同地方，数字也不同。如果你把一个物体放在地球上“海拔场”很强的位置上（我们管它叫“高的地方”），同时这个位置周围都是弱的“海拔场”，那么在场的作用下，物体就会把势能转化为动能。在现实世界中，物体会沿着坡滚下来。场的概念基本上就是这样，我们更多的是利用场的概念进行计算。

在现代物理中，场的概念在解释自然界四力和基本粒子的本质及相互作用（所谓的“标准模型”）时无处不在。即便是大名鼎鼎的希格斯玻色子，也不过是延展时空中的另一种场——希格斯场——的展现。不经常接触物理学的人可能会认为场不如我们更熟悉的粒子和波更易理解，但这3个概念都可以用来描述所见的东西，它们都是科学家的模型。每种模型都适用于某些情况，在现代物理学所用到的数学工具中，场是一种较为有效的思考方式。

光可以被视为场概念的应用形式。光不是量子电动力学中描述的真正的粒子，不是我们在学校里学到的波，也不是光场中的一个扰动，尽管科学家现在常这么认为。光就是光，光在我们不能直接观察或描述的量子级别上运行。光打在镜子上，不像网球打在墙上，也不像海水拍打在岩石上。后面两种情况都涉及具象的物体，可以帮助我们描绘到底发生了什么，但这都不是光真正的样子。光也不是由场中的扰动导致，这不过是另一种能够产生可靠结果的数学模型。

粒子、波和场都是抽象的模型，科学家可以通过它们了解世界。科学家有时候使用波模型，有时候则使用粒子模型。从数学的角度看，场模型更普适，但也更难理解，特别是对那些非专业人士来说。每种方法都有各自的用途，没有一种方法能解释世界的所有问题。

科学家所说的“力场”和科幻作品中使带电粒子远离飞船的电磁场有相似之处。但是科幻作品中的力场要能阻止一切靠近飞船的东西。理想的概念可能是负引力场，因为引力的产生与粒子带不带电没有关系。但是我们其实不太知道如何操控重力。即便我们能造出一个产生引力的机器，也只能产生吸引力而不是排斥力。

事实上，我们很难在真实科学中为力场找到依据。但如果是为了防御死光（科幻作品里的典型武器）的攻击，我们也不是无路可走。本书第 16 章要讲的隐形护盾可以让飞船隐形，也能让飞船远离光学武器的威胁。（科幻作家很少意识到隐形装置也能用作对抗射线武器的护盾。）但是电磁防护只能屏蔽带电粒子的干扰，所以未来世界中真实的宇宙飞船仍要像今天的主力舰一样全副武装才行。

科幻作品中的另一个惯用伎俩——牵引光束，事实上是与上文相反的力场，即把物体朝宇宙飞船方向吸引过来的场。乍一看，这好像更容易实现。牵引光束在科幻作品中的出现已经有100多年的历史了，也许是从相互吸引的磁铁那里得到的灵感。磁现象从中世纪开始被研究，但是直到19世纪真相才逐渐浮出水面：磁和电一样，都是电磁现象的一部分。

牵引光束的一个早期例子出现在儒勒·凡尔纳的《流星追逐记》（*The Hunt for the Meteor*）里，这部书在他去世后于1908年出版。书中的“中性螺旋线”被用来牵引书名中提到的流星，并把流星带回地球。这个中性螺旋线看起来像是由凡尔纳的儿子迈克尔在完成父亲遗作时加上去的。中性螺旋线具备牵引光束的通常特性，这个概念更接近于魔术，而不是科学。除此之外，实在是没有什么好的理由能解释牵引光束具备的强大吸引力了。

“牵引光束”虽然不像力场那样在科幻领域以外被人熟知，但是这个词从首次出现在雨果·根斯巴克创办的科幻杂志《惊奇故事》（*Amazing Stories*）中后，便经常出现在科幻作品中。1931年7月，爱德华·埃尔默·史密斯的小说《星际公司的太空猎犬》（*Spacehounds of IPC*）在《惊奇故事》上刊出，其中反复出现了在太空中操纵大型物体的场景。牵引光束也被称作“牵引杆”和“牵引场”，但后两个称呼不像牵引光束对读者有那么大的吸引力。事实上这并不让人吃惊，就像许多太空歌剧中使用的航海类比一样（想想“企业”号的命名方法），牵引光束更像“泊船用的抓钩”的同类物。

牵引光束以非实体的场的形式存在，它和抓钩类似的功能也有一个最大的问题，即它根本没有科学依据。我们深谙激光武器的作用原理：激光武器打中物体的时候，从远距离给物体施加了一个推力。但是，拉力和推力完全不一样。拉力需要施力方和目标物体之间有吸引力，比如用磁铁拉动金属物体（虽然把磁力聚合成一个光束不太可能），但用磁铁拉动石头就不可能。

如果有介质参与，那么形成拉力就简单得多。2014 年，澳大利亚国立大学的一个研究小组在水面上实现了“牵引光束”。科研人员发现，当用一种平时看来非常不恰当的方式使用“制波浪机”——一个周期性浸入水中的滚筒时，他们能够在水面上制造出一种拉力。在最简单的慢速情况下，波会远离制波浪机，但当设备的速度加快时，系统内会产生一种振荡模式——小波浪之间相互作用，波会带着水向着制波浪机的方向运动，带动系统内的其他物质也一起运动。这个技术也许会被用来制造以水为介质的牵引光束，从而吸引溢油或者其他杂质向想要的方向运动。但在太空中，牵引光束没有介质，因此必须依赖基本力，比如重力或电磁力。

重力作为我们日常生活中最常见也最容易被忽略的引力，不能用于产生牵引光束的原因有很多。首先，重力太弱了。我们常会忘记这一点，因为我们在类似太阳和地球的极其庞大的星体上都会感受到重力。但是和电磁力相比，重力微乎其微，电磁力通常相当于重力的 10^{36} 倍。除非能增加星球的引力，不然我们基本上无法利用重力。其次，重力不能收集，也不能被屏蔽。重力不受承载介质的影响，即便可以产生强有力的重力牵引光束，它也会对所有方向产生作用，不仅拉住你想拉住的宇宙飞船，而且会将飞船周围的一切杂质也一并拉住。

虽然电磁力比重力强很多，但是电磁力也不适用于产生牵引光束。重力只会吸引，而电磁力既能吸引也能排斥。更糟糕的是，对于绝缘体来说，电磁力完全没有任何作用。从理论上说，宇宙飞船可以受到电磁力的吸引，但是如何汇聚电磁力依然是一个问题，而且电磁引力会随着距离的增大快速地减弱，所以在几英尺①以外的地方也许电磁力牵引光束就没有效用了。

牵引光束有一个实现方法，那就是用特制的激光。光能产生压力，因为光中的光子没有质量，但却有能量，这意味着光子有动量。因此，和光子相撞的物体会受到推力的作用。“光压”是真实存在的，这也是“太阳帆”的工作原理。这些大约有几千米长的非常薄的金属化塑料板，利用光压为空间探测器加速，这也许会是未来空间旅行的加速原理。光压最开始在彗星的尾巴中被发现，彗星的尾巴永远指向远离太阳的方向，这意味着

① 1 英尺≈ 0.30 米。——编者注

它受到了某种源于太阳的力的影响。

我们一度以为类似“克鲁克斯辐射计”或“光压风车”的小仪器可以展示光压原理。这些仪器看起来像老式的电灯泡，但其内部并不是钨丝，而是由自由旋转枢轴带动的4个“帆”或“桨”——一侧的两个是黑色的，另一侧的两个是白色的。当这个仪器被放置在强光下时，旋转枢轴将带动桨转动。理论上，这可以用来展示光压原理，因为白色桨会反射光，黑色桨会吸收光。但桨是按照与预期相反的方向转动的。黑色桨吸收光、温度增加，把热传递给周围的空气分子，空气分子加速运动，把动量传递到黑色桨上，于是桨开始转动。

激光为如何利用光和物质的互动提供了一种全新的机制，有很多方法可以实现，其中的一些方法需要改造被“牵引光束”拉动的物体的周围环境。比如，被拉动的物体要被“超材料”环绕，超材料和光相互作用，使超材料中的元素对该物体产生拉力。或者，把被拉动的物体做成一面背对着激光的镜子，同时物体需要被有反射功能的介质粒子包围。射向物体的激光会首先被物体周围的粒子反射，然后这些反射光才会击中镜面（镜面是背对光源的）。因为这些击中镜面的光会比击中反光性较差的镜子背面的光产生的光压大，所以镜子会在向着光源的方向受到牵引。

另一种可行的方法是制作一种特殊材质。激光照在这个材质上产生的前向散射力极其强烈（仅限于大部分光都能穿透物质的情况），这些光产生的向后的光压比激光本身打在物质上产生的向前的光压要大得多，所以物体就会趋向激光源。2014年，堪培拉的澳大利亚国家实验室的科研人员利用一个类似的概念，使甜甜圈形状的激光束成功地移动了小玻璃球。他们用激光加热中空的玻璃球，当玻璃球表面受热到一定程度时，和玻璃球表面接触的空气分子就会获得更多的能量。

当空气分子被推离玻璃球表面时，其反作用力会将玻璃球推往相反的方向。事实上，这正是可控的布朗运动。正是布朗运动的机制使得花粉在水面上做不规则的活动，好像花粉有生命一样。爱因斯坦解释说，这是看不见的水分子与花粉碰撞产生的运动。激光牵引光束的一个有趣的方面是，玻璃球表面受热的位置可以通过激光的偏振原理发生改变，因此玻璃球可以向任意方向运动。

激光牵引光束可以借由超材料和玻璃球来实现，但是这些对于重现科幻作品中在真空中拖拽宇宙飞船的牵引光束来说是没有用的，因为这些激光方法需要特殊的环境（至少有空气），或者被拖拽的物体是由特殊材质制成的。而真正的牵引光束应该可以在真空中牵引任何物体。

还有一种可能是让特殊的旋转光相互作用，形成类似阿基米德螺旋线的形状，产生能把物体往后拽的螺旋形的力。这很容易让人联想到凡尔纳的“螺旋线”，这个机制作用的前提是被拉动的物体要小于光的波长。于是，“第22条军规”出现了：只有高能量的光才能产生足够的动量去移动一个还不算小的物体；然而，能量越高，光的波长越短，所以被拉动的物体必须非常小，甚至小到肉眼不可见的程度。

也许实现真正的牵引光束要寄希望于利用激光间的相互作用改变激光前端的形状，从而在任意形状的物体上产生类似衍射光栅的效果，最终改变入射光的方向。把上述机制和目标物体的形状综合起来考虑，理论上是可以对任意形状、任意大小的物体产生吸引力的，包括宇宙飞船或者流星。这个过程需要两步，首先要模拟目标物体，计算需要的光的强度和方向，这和科幻小说中使用牵引光束之前要“锁定参数”的常见场景很相似。

如何使光的能量大到足以让物体以一定的速度在太空中运动，这一问题尚未解决。入射光束必须比太阳光更聚集，才能产生可用的光压，这意味着在这个过程中产生的具有毁灭性的热和辐射也许比拉动物体所需的能量要大得多。在科幻作品中，牵引光束通常是可见的，而且对目标物体以外的东西没什么影响力。但在现实生活中，类似的牵引光束会因强烈的电磁辐射把目标物体烧坏。

科幻作品在真实世界中的对应物大多是在微观层面实现的，比如离子阱维持磁场中的带电粒子，原子力显微镜推动单个原子，激光镊子移动分子，牵引光束产生微弱的压力。像电影中那样用牵引光束移动战舰大小的飞船确实比较难以实现，但是想想这背后的可能性就足以让人欣喜。

具有这种功能的最奇妙的类似物要算2014年哈佛大学的科研成果了。虽然这不是严格意义上的牵引光束，但研究人员成功地操控了小型物体，不用直接接触就成功定位并旋转了目标物体。系统利用了磁悬浮的原理，但这对不受磁场影响的物体也适用，因为目标物体位于有磁性的液体中。如果有磁铁从液体顶部和底部对液体产生拉力，那么容器中部的液体浓度会降低，目标物体就会向容器中部运动。

研究人员进一步在容器外面移动磁铁，容器内部的物体也跟着旋转。不需要任何直接接触，一个没有磁性的物体可以被挪动到容器内的任意位置。这套系统需要密闭的容器和有磁性的液体，这也意味着这套系统永远无法制造出牵引光束，但这种操控物体的方法是我们现有的最接近牵引光束的方法了。

上面提到的超小物体的不明显的运动，看起来和“企业”号中全息甲板上的模拟现实还有很远的距离。事实上，你也许会纳闷为什么全息甲板会出现在这一章，而不是第2章，和虚拟现实放在一起讨论。全息甲板毋庸置疑是终极的虚拟现实，我们在第2章中讨论过卡马克如何把真实世界置于电脑游戏中。但是，能以假乱真的虚拟现实，甚至是直接作用于大脑的类似“母体”的环境，是可以让身处其中的人和虚拟出来的物体有物理接触和互动的，这和游戏玩家看到的画面有很大不同。全息甲板把虚拟现实从一种大脑状态变成了物理现实，而实现全息甲板要充分利用力场的各种特性。

全息甲板，或者叫“全息环境模拟器”，在理论上有两个特性：三维的全息投影和力场。后者“创建”了所有可以直接被触碰、有互动性、可在其中走动的投影，就像在本章开始的时候提到的那些石头一样。全息图像并不是核心，真正的核心以及让这一切变得独特且美好的东西是利用力场产生能和参与者互动的物理世界。

《纽约时报》2014年刊出的一篇文章称，全息甲板技术可能“已经开始成形”，但是除了媒体的大肆宣传以外还有什么别的吗？让人失望的简单答案是“没有”。文章中描述的只是全息甲板可以实现的一小部分事实，但我们还没有实现技术上的重大突破。

文章说，“一些科学家和学者称，在2024年的时候将会有类似全息甲板的东西诞生”，但这里面的关键词是“类似”。文章里描绘的只是六面皆有投影的屋子，而非“全息”。在全息投影空间里，你可以在一大片区域中自由行动，无须受限于一个屋子（另外，《星际迷航》里从来没有使人信服地解释过在小空间里无限行走的原理），相当于屏幕两倍大的咖啡桌将陈列着你的假期照片。文章里提到的技术都不是实现全息甲板的必要元素。

必要元素是力场和三维全息投影，力场可以实现和人互动的虚拟物体，三维全息投影可以实现以假乱真的环境。我们已经知道实现力场异常困难了，那么全息投影会容易一些吗？让我先解释一下全息投影的意思。全息指的是全息图，也就是从观察者的视角用光来重现照片中的场景。

这就像透过一扇窗子看整个城市的景色。窗外，一只鸽子挡住了你的视线，你看不到广告牌上写的电影时间表。但是，在真实的世界里这不是个问题。你可以挪一步，绕开鸽子看过去。现在，你看到时间表了，并且意识到刚好错过了最后一场电影。

现在让我们把窗户换成一张完美的照片，照片的像素很高，看上去和实景没什么差别。（在把事情弄得更复杂以前，我们先想象这只是一张静止的照片，没有运动的事物。）你站在那儿，看着处于静止状态的鸽子，此时的照片和你透过窗子看到的场景一模一样。现在，你为了看到时间表往旁边挪了一步。当然，你还是会在照片的正中间看见那只鸽子，因为照片是平面的，所以鸽子依然挡着你的视线，你也看不到时间表。

所以，照片和现实世界里窗外的景色是不一样的。一系列光子打在玻璃上，组建出真实景象的所有信息。即使景色已经不在那里了，如果你可以捕捉到所有的光子，并使其重现，你也能重建一个真实的三维图像。从本质上说，这就是全息图。

实现全息图的前提是找到能储存所有信息的方法。所有传统的图像都是在平面的每个点上捕捉亮度和色彩，但这些不足以告诉你组成图片的每个点上的不同光子的情况：这些光子从哪儿来？处于什么相位（光子的基本属性之一，它使光产生了波动性）？匈牙利裔英国科学家丹尼斯·加柏在“二战”后不久想出来的方法也许可以解决这些问题：在玻璃板上记录下光的所有信息，并使这些信息重现。如果有第二束光也打在玻璃上并和第一束光相互作用，那么记录下两束光之间的光干涉图案，也许就能实现全息图。

这是个绝佳的想法。虽然加柏有了这个想法，但他却没能实现。全息图的实现需要相同颜色的连相光子，直到激光出现以前，这种光源都不存在。激光出现后的第4年，密歇根大学的埃米特·利思和尤里斯·乌帕特尼克斯创作了第一幅全息图，呈现出一个静物模型火车和一对毛绒鸽子。

记得在1977年，我在伦敦皇家科学院参观了一个名叫“异光”的关于早期全息图的展览。参观者透过又小又模糊的窗户可以看到物体——通常是非常普通的物体，被闪烁的绿光照亮。但是从顶上的玻璃你可以看到里面其实什么都没有。绿色激光被关掉之后，参观者就更明确地知道自己看到的只是虚拟出来的视觉效果。虽然这个展览让人觉得新奇，但是没有人会把这些绿色的幻化物体当作真实世界里透过窗户看到的景象，更不会有人觉得这是可以自由进出的三维环境。

1977年的全息图只展示了全息甲板的视觉层面效果。而实现全息甲板需要3个层面：全色彩（图片的分辨率高到看上去就像真的），运动的图像，一个完整的全息投影（你走进全息甲板之后，感受到图像就在你的周围，而不是透过玻璃看到的三维图像）。

最原始的全息图都是单色的（一般是绿色的），这意味着需要用激光照明和光的干涉现象来产生复杂的图像。虽然产生颜色效果是可行的，但是直到近期我们才实现了全彩色的全息图。更重要的是，除非需要重现的物体可以通过激光照明被记录下来，否则产生出完美的干涉图案几乎不太可能。全息图一般有很强的颗粒感，即便是这样，有些公司还是可以制造出高清晰度的全息图，和真实的物体看上去没有区别。

这些全息图是用分离的红色、绿色、蓝色的激光制造出来的，如果利用单独的红色、绿色、蓝色的二极管，特殊的LED（发光二极管）灯便可产生合适的光频率，在玻璃上重现多颜色图像。而且，产生的图像效果出乎意料地好，比如瓦尔特PP手枪的图像就像真品一样。但是，这个技术只适用于可以被强激光照射的无生命物体（激光照射的时间非常长）。这个技术也不能用来制造全景，即使可以在严格的限制条件下制造出全景，也无法在开放的真实世界中实现。

让图像动起来要求技术上必须再进一步。为了确保视觉的连贯性，每个被捕捉的图像都需要以大约每秒30帧的速度重放。实现这个目标还有一段路要走，但能达到类似效果的方案已经有了。

我们可以顺利解决颜色和细节的问题，因此我们会得到一个窗户，从窗户看出去是和现实世界没有区别的动态的全彩全息图。（这也意味着未来世界的三维电视机比现在市面上的那些要强很多。）但要把窗子拿掉，让某个空间变成全息图，还有相当长的路要走。现在确实找不到很好的机制能够实现全息投影，就像《星球大战》中的著名场景——莱娅公主大喊：“欧比旺·克诺比，救救我！”另外，如果有物体挡在中间，投影也会受到干扰。全息甲板意味着我们可以在图像中自由走动，无须考虑物体遮挡的问题。

你也许看过已去世的饶舌歌手图派克·阿玛鲁·夏库尔又“出现”在音乐节上进行表演，看起来就像全息投影。但是，这个图像（事实上是计算机制作的，不是拍摄出来的）是按一定角度放置在玻璃上的，投影利用的是从 19 世纪起就在剧场中广受欢迎的“佩珀尔幻象”技术。我们看到的并不是空间中出现的三维图像，而是玻璃上的投影。光不能单纯地在空旷的空间中产生图像，所以上述技术和我们定义的全息图的本质并不相同，全息投影需要一套全新的生成和重现图像的方法。虽然向往新科技且不轻言放弃是件好事，但是这其中需要的技术真的很复杂。

也许在《星际迷航：下一代》中最让人印象深刻的就是全息甲板了，但是其后续的电视剧和电影中缺少对这项技术的引申应用。电视剧和科幻电影里经常出现类似的谬误，也就是某项科技成果并没有被人类充分重视。你看过几集《星际迷航》之后就会发现，里面拥有神奇科技的先进人类却不太清楚安全带的重要性。气流引起颠簸的时候，他们会被抛到舰桥上去，必须自己找平衡，但是与全息甲板相关的谬误却不那么明显。

全息甲板让你可以和景观互动，也可以和全息人物交流。你可以打开全息门，按动全息按钮让一些事情发生，你可以在不存在的全息屏幕上欣赏全息电影。你可以在全息甲板上做一切物理世界中的事，全息甲板是一个无限灵活、可以任意改变的环境。如果全息甲板真的存在，你会只把它当成娱乐设施，还是会用它做一些更有意义的事情，比如用在舰桥上？

你可以在飞船的任意地方使用这项技术。它可以使密闭的居室不那么幽闭，让杂乱的大堂立即变成一个体育竞技场。虽然把全息甲板配置在所有地方确实有点儿昂贵，但是没人会觉得娱乐设施是唯一值得投入这么多钱的地方。配备了全息甲板的舰桥可以因不同的需求和工作人员而随时重新配置。气流引发颠簸的时候，椅子会紧紧抓住船员。舰桥可以是一个准备室、作战室或操控间。如果你拥有全息版本的舰桥，那么20世纪的战舰里的传统舰桥简直不堪入目。想象力将是你唯一的限制。

全息甲板是实现有形、多变技术的方法之一，这个技术可以因地制宜。与此同时，科幻作品也幻想着其他技术。从20世纪80年代起，计算机越来越多地参与到我们的日常生活中来；在科幻作品中，智能机器可以像人类那样在屋里走来走去，这种幻想直到现在也不过时。现在和20世纪中期一样，当我们看到门被一个未来家庭的“必备设备”打开时，依然会非常惊讶。这个设备就是机器人。

第5章

机器人和仿生人

我从儿时第一次看《禁忌星球》开始就深深地爱上了这部电影，原因有很多。一部分原因是离奇的故事情节、隐形的恐怖怪兽，以及游客逃进广阔的地下城克雷尔时的特技效果——这基本上是所有科幻电影里高空下坠的拍摄原型。另一部分原因是由安妮·弗朗西斯饰演的阿泰拉，也就是莎士比亚的《暴风雨》里米兰达的对应角色，让我这个处于青春期的男孩心跳加快。（潇洒的指挥官亚当斯真的是莱斯利·尼尔森饰演的吗？）毋庸置疑，还有一个吸引我以及无数其他影迷的角色，那就是莎士比亚笔下不羁的精灵阿里尔的对应角色——机器人罗比。

罗比是20世纪50年代的经典机器人形象，体形笨重，比一般的生物稍大。它的四肢关节虽然有些奇怪，但隐约能看出点儿人的形状，还有一个嗡嗡作响、不时低头抬头的大脑袋。第一眼看过去，罗比不是个招人喜欢的角色。它没有五官，也没有面部表情。然而它是整部剧的灵魂角色，幽默逗趣，戏份也相当重。它后来还在许多影视剧中客串出演［包括美国经典电视剧《神探可伦坡》（*Columbo*），以及改编于《海角乐园》（*Swiss Family Robinson*）的电视剧《迷失太空》（*Lost in Space*）］。

从希腊神话中保卫克里特岛的欧罗巴的机械巨人塔罗斯开始，在科幻作品中，机器人就以不需要人类监控、能独立行动的人形金属设备的形式存在。但是，“机器人”这个词最早出现是在 1920 年公演的卡雷尔·恰佩克的科幻舞台剧《罗梭的万能工人》（*R. U. R.*）中。

“仿生人”和“机器人”这两个概念多年来常被混淆。笼统地说，科幻作品早在 20 世纪 50 年代就对这两个词进行了区分，仿生人是人造的类人有机物，机器人则是机器设备。“仿生人”的首次使用要追溯到 1728 年钱伯斯编辑的《百科全书》，这可能要归功于中世纪的欧洲神学家大阿尔伯特；同时在另一本约翰·梅森·古德编辑的《百科全论》中，它又被称作肯佩伦的土耳其行棋傀儡。更让人摸不着头脑的是，在《罗梭的万能工人》里，“机器人”是有机物；但在《星际迷航：下一代》里非常逼真的生化人则通常被称作“仿生人”，虽然它的内部是由电子器械和金属设备构成的。

在科幻作品中，特别是电影和电视剧里，智能设备一般都被叫作机器人，除了《2001 太空漫游》中的 Hal。在真实世界中，机器人的发展却是另外一种样子。早期的机器人可能的确和科幻作品中的描写类似，它们是自动机器，在中世纪的时候很常见，能像人或者动物那样行动，虽然当时的科技水平很低。我们很容易就认定直到精细金属齿轮装置出现的19世纪，才有可能产生这样的自动机器。但事实上，早在16世纪，类似的装备就出现了。

比如达·芬奇，他以艺术造诣和设计军事仪器闻名于世，但他也花了大量的时间设计舞台布景。在16世纪，人们痴迷于能让戏剧更加有感染力的动态舞台布景。达·芬奇为《天堂之宴》（*Feast of Paradise*）设计了一个布景；演员在动态的、和人类大小成比例的太阳系模型中模拟星球的运动。在另外一部戏剧《奥菲斯》（*Orpheus*）中，达·芬奇设计了一系列可以一分为二的山脉，在被敌人追赶的时候，布鲁托和他的随从们可以在山脉的缝隙中穿行。

达·芬奇的一些设计中包含真正的自动机器。比如，装甲骑士里有一系列齿轮和滑轮，使骑士的头、下巴、胳膊能活动。最奇妙的自动机器则是由佛罗伦萨的商人预订，在法国里昂用于弗朗西斯一世加冕庆典的设计。这是一个比普通狮子大一些的机械狮子，它在舞台上大步流星、摇头晃脑、摆动尾巴。当机械狮子走到国王面前的时候，它喷出百合花喷雾。其实，作为佛罗伦萨的象征，这只狮子是在为法国国王送上百合徽章。

为各式庆典锦上添花的自动机器纷至沓来，有些极其复杂，包括人机合体，还有上文提到的土耳其行棋傀儡。当真正的机器人面世的时候——开始承担娱乐活动以外的任务——它已和早期的自动机器差别很大。事实上，对一般用途的机器人来说，人形使工作的难度升级。想到本田公司的阿西莫机器人，你也许会不同意我的看法。但是从很多角度来看，阿西莫不能算机器人。

未成年人大小的阿西莫确实可以像人一样地走楼梯、招手，但是在展出以前，程序员必须花很长时间来布置环境。阿西莫不能走随机选择的楼梯，而必须走提前编好程序的特殊楼梯。人类的两条腿经过长时间的进化已经可以有效地走过不平的地面，同时保持平衡，虽然双足行走确实是非常不稳定的行动方式。看看蹒跚学步的幼儿你就会理解这一点了。制作一般用途的人形机器人任重而道远，而且我们也不知道这样的机器人是不是我们真正想要的。

真正的机器人在工业界已经很常见了，也逐渐出现在普通家庭里，这没有科幻作品中描述的那么复杂。工厂用机械臂组装汽车，用完全相同的方式重复一系列简单的动作。家庭中有扫地机器人或者割草机器人，这些机器人不像人一样可以高效地完成这些工作，只能随机移动直到检测到障碍物（扫地机器人）或走到草地边界（割草机器人），然后掉头，再重新来过。

这些真正的机器人一般不会有很多功能，而是专注于某个为它们量身定制的简单任务。它们无须事无巨细地模仿人类，只要做好简单的工作即可。当然，机器人不会像现在这样一成不变。就像移动电话已经从单一功能的大哥大变成现在功能复杂的智能手机，我们也可以期待机器人技术的日新月异。科幻作品中的机器人和未来世界的机器人最大的区别可能就在于互联性。由于无线网络和互联网的存在，下一代机器人可能更像蚂蚁或蜜蜂，而不是人类。

科学研究需要循序渐进。你也许听说过能记录已使用物品和订购快吃完食物的智能冰箱。但这其实是老式的科幻作品的思维方式。没有人希望自己的家中堆满没用的东西。更明智的做法是使用一个中心调控系统，也许是计算机上的某个程序。这个调控系统可以和所有需求设备或供应设备互动，比如冰箱、冷冻柜、存储柜、洗碗机、洗衣机、咖啡机等。

下面以洗碗机的自动化为例。老式的科幻作品中的想法是，用一个巨大、复杂的人形机器人模拟人的动作（现在暂时没法实现）：把碗放在洗碗机里，倒入洗碗液，再运行洗碗机等。但是，我们可以想想蜜蜂是如何完成复杂的工作的。它们并非单兵作战，而是由许多各司其职的工蜂共同完成。每只工蜂不需要为多种不同的工作掌握不同的知识（它们的脑容量也没那么大），而是一群工蜂一起合作，采蜜、建造蜂巢、保卫蜂巢，让整个蜂巢井然有序。

现在我们还不能让蜜蜂大小的机器人做很多事情，大自然比我们要伟大得多。但是，你可以想象出巴掌大的小玩意儿跑来跑去把东西分门别类地放好的情景。它们的任务也许很简单，比如把洗碗液倒入洗碗机，把洗衣粉倒入洗衣机，把咖啡豆放进咖啡机。它们没有其他功能，仅有的功能也不需要太多的智能。但如果这些小器械齐心协力，许多不同的小功能组合在一起肯定比单一的人形机器人更高效。

你也许会质疑在家里放一堆中小型机器人的可行性，应该把它们放哪儿啊？当然，这样的机器人可能更适用于大一些的空间，比如办公场所。然而，这些机器人可以高效地自行归位，也不会比一个人形机器人占用更多的空间。事实上，所有节省劳力的设备都会占用一定的空间，我们要想办法更好地收纳它们。比如，把墙脚线改成一排机器人存放架，或者把动画片《猫和老鼠》的鼠洞更改为更适合放机器人的地方。

长远来看，如果我们能把小型机器人进一步压缩成蜜蜂甚至是蚂蚁的大小，收纳就更不成问题了，因为超级小的机器人可以爬到很小的瓶子里，不会占用太多空间。这样的小型机器人可能需要生物工程技术，比如制造仿生蜜蜂，而不是机械设备。如果要在这个想法上再进一步，也许我们要考虑一下纳米技术。

纳米技术非常精细，相当于在纳米级别上制造物体，一纳米等于一米的十亿分之一，或者一英寸[①]的五百万分之一。科幻作品中描绘的纳米技术大多是邪恶的、有摧枯拉朽的力量

① 1英寸≈0.025米。——编者注

的、超级精密的器件，小到肉眼不可见，但这些器件聚在一起便会形成所谓的“灰色黏质”——纳米机器像洪水一样铺天盖地而来，势不可当地摧毁包括人和导弹在内的一切东西。在迈克尔·克莱顿的小说《猎物》(*Prey*) 中，失控的纳米机器人吞噬了一切。但是，我们怎么从现有的技术过渡到纳米级别的机器人呢？答案是利用超级小的颗粒，就像肉眼不可见的超级小的二氧化钛颗粒可以被用作透明的防晒霜一样。这其中的很多争议都聚焦在金·埃里克·德雷克斯勒身上。

德雷克斯勒于1986年出版了《创造的发动机》(*Engines of Creation*) 一书，他在书中提出了“分子工程”的概念，即数以亿计的小零件组合成单独的“分子”或者物质单元，再用这些分子组装任何东西。坦率地说，德雷克斯勒的这本书是没有故事情节的科幻作品，不仅因为我们现在的科技水平和他提出的概念依然差距很大，而且因为这个想法基本不太可能实现。设想用这样的“分子”来组装人形机器人。人体（在此是个绝佳的例子）大概有7 000万亿万亿（7×10^{22}）个原子。把7 000万亿个原子组装在一起组成一个人形物体大概需要1万亿秒，约为3万年。所以，这绝不是一夜之间能完成的事。

实际上，我们现在的纳米技术更多的是在材料科学领域，而不是组装小型机器人。就像防晒霜里的纳米颗粒一样，我们也会使用纳米管和纳米纤维，这些材料非常强韧，是电的良导体。单原子厚的片状材料石墨烯和我们常见的笨重材料不同，它的性能绝佳。如果我们可以制造真正的纳米机器，我们就有能力完成更复杂的任务。事实上，我们很有可能需要用一台纳米机器来制造另一台纳米机器。

物理学家理查德·费曼是最早思考纳米技术的人之一，他在一次名为“底下的空间还大得很”的谈话中指出，我们可以用很小的机器来制造更小的机器，然后制造更小的机器，就这样循环下去。即使这样，我们面对这种规模的自然复制仍然需要警惕。自然界中发生的基因突变就是这种自然复制中出现问题的模型。在多次复制过程中往往会产生错误。积累的错误会导致失败，但偶尔也会产生更好的个体。如果好的性状可以遗传到下一代，那么自然选择的过程将确保优胜劣汰。以上就是简化版的进化过程。这个过程对自然界的所有生物适用，对纳米机器也适用。当机器被大量复制，并且把每个小变化延续到下一代的产品中时，产品也会进化。这又回到了我们之前说的“灰色黏质”的问题。

当然，如果有一天我们成功实现了可以自我复制的纳米机器的生态架构，那么我们肯定要编入一些保护措施以防止变异往我们不希望的方向发生，让偏离原设计的变异都自我毁灭。推想纳米机器的进化过程和相关的道德问题确实很有意思，实际上我们也许永远不用为这些事情操心，因为在这个方向上每向前迈一步都需要攻克巨大的科研难关。

已经有一些实验生产出了前景喜人的纳米机器部件。比如，可以拼装分子的纳米齿轮，像剪子一样修剪其他分子的纳米剪刀。但是，以这些为基础，制造出纳米机器的确还有很长的路要走。我们不仅要做出更精密的纳米机器，还要给它加上能源装置和计算机，让它们有再造功能。在这些部件中，我们现在只能做到生产正常大小的计算机，那些肉眼不可见的部件简直就是天方夜谭。(是的，我们有能源装置，但是电池技术不太好，体积大，且续航时间不长。)

即便我们现在有可用的技术，也可能有量级的问题。就像你不能把蜘蛛变得像人一样大，你也不能期待人体大小的机器在纳米量级也有相同的功能。不同的物理效应都会粉墨登场。当物体非常小的时候，原子内部的正负电荷间产生的电磁效应开始产生显著的影响。卡西米尔效应（量子过程）描述了真空中两片中性的金属板在距离非常小时会出现的吸引现象。在纳米量级的距离里，物质会相互吸引，而在通常情况下，这不会发生。

这些现象都有可能毁掉纳米机器，基本上每个对纳米机器的能力做出激动人心预测的人都低估了在纳米量级上操作的复杂性。事实上，很有可能我们唯一能利用的纳米机器只能基于生物原型，比如病毒和细菌。

我们已经讨论了建造机器人的不同方法，但我们内心深处依然向往那些老式的人形自动机器，不管它们到底是基于电子技术的，比如《星际迷航：下一代》里的生化人数据，还是基于生物技术的，比如《银翼杀手》（*Blade Runner*）里的仿生人。这到底会不会发生？我们会继续研制功能更多的类似阿西莫的展示机器人，但我个人认为我们不会在日常生活中看到人形机器人或者仿生人。

我之所以这样认为，部分原因在于“机械公敌效应”，也就是非人类的仿生人可能会导致人类恐慌；另一部分原因是，上文中描述的类似蜂巢原理的微型机器人更有可能实现。此外，道德约束可能会限制我们对仿生人的研制。撇开别的不说，我们不需要劳民伤财地制造仿生人，因为我们已经有可用的相对便宜（过程较慢）的产生人形生物的方法了，那就是生育。但现在大家都认为地球上的人口太多了，而不是不足。

从《星球大战》及它的原始版本《太空堡垒卡拉狄加》中，我们了解到科幻作品中的人形机器人已经越来越少了。虽然在电影《机械公敌》中，人形机器人再次大量出现，但这毕竟是基于艾萨克·阿西莫夫于20世纪50年代创作的小说集。相反，在20世纪90年代，银幕上越来越多地出现了另外一种人造的、自然的生物形态。恐龙复活了。

第6章

恐龙复活

能让我不仅记住剧情，还记住当时环境的电影并不多，其中就包括《侏罗纪公园》。部分原因是，我是在城市中心的巨幕影院观看的这部电影，而不是普通的电影院；更重要的原因是，家长带着孩子们陆陆续续地离开了放映厅。尽管做了铺天盖地的警告，就连导演斯皮尔伯格也告诉观众他不会让自己的孩子看这部电影，但在恐龙的诱惑下，许多家长在没有意识到这部电影有多惊悚的情况下还是带着孩子们去观影。

如果你和中小学老师聊聊，就会知道恐龙对孩子们的诱惑力是多么大（即便是紫色的恐龙）。这些已经绝种的神奇动物的吸引力仿佛宇宙真理，如果科技条件允许，使恐龙复活，再现《侏罗纪公园》里的场景将非常受欢迎。现在，我们的科技水平和科幻作品中的恐龙复生还有多大的差距呢？

乍看上去，这是一个完全不可能的任务，想都不用想。要克隆恐龙，我们需要恐龙的DNA（脱氧核糖核酸）。DNA这个无比复杂的超长链分子家族，还有稍微简单一点儿的类似物——RNA（核糖核酸），它是地球上所有生物的核心。DNA的名字听起来并不复杂，它的组成也比较简单，有点儿像积木玩具——合理的排列组合会构建出非常复杂的结构。比如，人类的1号染色体虽然不是自然界里最大的，但却是人体里最大的染色体，大概包含100亿个原子。

在这些科幻作品中，DNA之所以重要是因为这些分子能决定物种的结构。从最小的细菌到蓝鲸，每个生物的细胞里都包含DNA。生物的细胞里包含的DNA分子叫作染色体，比如人类有46条染色体，两两一组共23对。就像计算机程序一样，染色体会给生物编码。我们让侏罗纪公园变成事实的唯一方法就是获得完整的恐龙DNA，但这谈何容易。事实上，我们获得恐龙遗骸的机会很小。这些令人惊奇的生物在2亿年前统治着地球，大约6 600万年前灭绝，现存最接近恐龙的生物是鸟类。正因如此，我们关于恐龙的知识都源于6 000多万年前就埋在地下的化石，但化石无法为我们复活恐龙提供足够的信息。

我们中的大多数人都在自然历史博物馆里看过霸王龙、三角龙和其他著名恐龙的骨架，但这些完整或者半完整的骨架非常稀少。大多数时候，考古学家只能发现很小的残片，要像宇宙学家一样把恐龙的相关信息拼凑在一起，才能得到我们普通人想看到的结果。

“真正”地看到恐龙无疑是《侏罗纪公园》的噱头之一。我们已经习惯了计算机成像，我们期待看到骑着龙的哈利·波特和遥远的星空战争都像照相机拍出来的一样真实。在《侏罗纪公园》以前，恐龙的形象都像20世纪30年代的第一版《金刚》电影一样（不要问我为什么恐龙和超级大猩猩一样，动画师就是这样设计的）。尽管这些模型由美国特效大师威利斯·奥布赖恩和他的门生雷·哈利豪森精心制作，但它们看起来仍然笨拙、生涩、做作。然而，《侏罗纪公园》里的恐龙和真正的动物毫无差别，从恐龙在野生动物园与人类的首次戏剧性相遇，到迅猛龙出现在厨房里的经典场景，一切都是那么引人入胜。

这种对恐龙准确又细致的刻画也被用于自然历史方面的电视节目，就像在BBC（英国广播公司）制作的6集电视系列片《与恐龙同行》里那样。这个技术让我们能进一步享受恐龙带来的快乐，但也伴随着潜在的问题。由于有关恐龙的信息非常有限，所以很多细节都是我们猜出来的。事实上，我们只有恐龙化石和其他二手资料，这些证据都不可靠。不只是《侏罗纪公园》，很多纪录片里都包含科幻内容。

比如恐龙是什么颜色的，我们并不确定。我小时候曾经废寝忘食地制作塑料恐龙模型，我那时候以为它们就是典型的深绿色、棕色或者灰色的。从那时起，就一直有人猜测恐龙的皮肤其实有可能是更复杂的颜色。这绝不是瞎猜。对于一些特殊案例，我们确实能找到一些小规模的证据。但总的来说，对于恐龙的颜色我们还是以猜测为主。与之相似的还有，纪录片里对家庭生活和抚育幼崽的描绘，基本上都是毫无证据支持的猜测。在很长时间里，我们一直以为恐龙是变温动物；现在我们认为它们应该是恒温动物，部分原因是它们和鸟类的亲缘关系比我们之前预想的更近。

还有恐龙的叫声。我们都知道恐龙的声音和公象差不多，但其实这个观点一点儿依据都没有。恐龙的叫声源于科幻作品，而不是考古学事实。还有观点认为最著名的肉食动物霸王龙其实是腐食动物。随着时间的流逝，有关恐龙的看法伴随越来越多的科学发现而发生了巨大的变化，但依然处于猜测阶段。没有什么比那些银幕上的迅猛龙更能说明这一点的了。

《侏罗纪公园》出现以前，大部分电影对恐龙的描绘都只聚焦于那些“大家伙”。这很正常，因为大型动物更能给人深刻的印象，这也是让孩子们满心欢喜的原因。但其实绝大多数恐龙都没有鸡大，《侏罗纪公园》特别地描绘了一群类似迅猛龙的中等型号的捕食者，它们比单只的超大恐龙对于人类体型的猎物更具威胁性。任何看过迅猛龙在厨房中追踪藏匿的孩子们这一幕的人，应该还记得那些迅猛龙可怕的外表。正因为如此，迅猛龙身上几乎肯定覆盖着羽毛这个考古发现确实有点儿让人意外。

在变成化石的过程中，骨头是最有可能保存下来的物质。死掉的动物或者植物沉浸在矿物质丰富的水或地下水里。时过境迁，结构里面不那么坚固的物质渐渐腐蚀，矿物质在结构的罅隙中聚集沉淀。这个过程甚至可以把植物的精细结构保存下来。更硬的结构，比如骨头和贝壳，则需要经过一个更加漫长的替换过程，原有的矿物质被另一种矿物质替代，骨头变成了石头。我们曾经以为化石就是石头，但其实“化石”这个词还可以被用来指代所有经过长时间变化的物质。琥珀是一种树脂，但琥珀也是一种化石，因为它是硬化的树液经过长时间的化学变化而形成的结构。同样，化石木头不一定要经历石化的过程，虽然大多数情况下化石木头也有石头的样子。

骨头是动物化石中最常被保存下来的部分，但有些其他物质也能被保存下来。考古学家已经从热衷于找寻大号骨头转向了更加科学的方法，并成功发现了越来越多的附属物残片，比如羽毛。我们已经知道，恐龙是鸟类的祖先，包括迅猛龙在内的许多恐龙都应该有羽毛。它们是你在黑夜中不愿遇到的敏捷的猎手，但是这些捕食者穿的却像喜剧演员一般。

残存的恐龙化石并不多，很长时间以前的遗骸完好地保存下来的概率更是微乎其微。正因为如此，《侏罗纪公园》的原著作者迈克尔·克莱顿曾经面临的一个棘手的难题就是如何自圆其说。他为复制灭绝已久的恐龙给出了怎样的似乎合理的科学解释呢？像往常一样，这只是科幻作品，不是科学事实。所以，他可以让一些不太可能或者根本不可能的事情发生，但这个过程要看起来可行才行。他给出的解释非常巧妙，虽然我们都知道它也有致命的缺陷。

首先，克莱顿提供了一条假线索。他说：“虽然世界上任何地方都找不到恐龙的DNA，但是研磨大量的恐龙骨头也许可以提取出一些DNA。前人都认为化石化的过程会毁灭所有的DNA，现在已经意识到这其实是不对的。”以上言论看起来像个伪命题，因为我们已知化石化过程的本质，但其实这里有一个漏洞，那就是化石化的过程不是总能完成。比如，在20世纪90年代，人们在霸王龙骨架中发现了一些“相对没有改变状态”的样本，这样科研人员就可以研磨骨头并得到一些类似血红蛋白的物质。但是，DNA无论如何都无法保存下来。

然后，克莱顿提出了“真正”的技术。他在书中虚构的专家亨利·吴解释说：“树脂常常落在昆虫的身上，困住它们。这些昆虫在化石中被完美地保存下来。所有昆虫都能在琥珀中找到，包括有能力叮咬大型动物的昆虫。”这听起来确实可行。昆虫确实经常被困在树脂中，时过境迁变成琥珀，很多内含昆虫的琥珀都是远古时期的产物。

但是细节决定一切，关键问题在于“完美地保存下来”。可能琥珀中的昆虫看起来和当年无异，但这并不意味着昆虫体内的化学物质都完好无损。DNA非常复杂，而且比较不稳定。内含DNA的细胞死掉后，细胞里的酶会切断DNA双螺旋结构上的共价键，水也会侵蚀这些键。虽然在20世纪90年代，有些专家成功地从1 300万年前的琥珀中提取出了DNA，但这些人后来无法复制他们的实验，之前的结果源于被污染的样品。

2013年，曼彻斯特大学的学者尝试用硬度介于树脂和琥珀之间的柯巴脂中的昆虫来再现《侏罗纪公园》里的技术。与20

世纪90年代的实验不同，这个实验是在非常严格的操作下进行的。更重要的是，新版实验会使用更现代的DNA扩增技术，而不是原版实验中老式的聚合酶链式反应。新版实验在60—10 000年前的样品中没有检测到DNA，这意味着琥珀中的昆虫尸体比空气中的昆虫尸体失去DNA的速度更快。

像对放射性元素一样，“半衰期”概念同样适用于DNA，即DNA降解到原始的一半所消耗的时间。通过研究一系列600—8 000年前的骨头，考古学家已经证实DNA的半衰期大概是521年。DNA的寿命可能被一系列条件影响，特别是温度，这有助于我们准确推测DNA样品的最长寿命。

最古老的DNA可以追溯到50万年前，DNA的半衰期意味着DNA序列在150万年后就无法读取，在680万年后就会被完全降解。而恐龙时代距今已6 500万年，这也让侏罗纪公园只能存在于科幻作品中。假如恐龙的DNA可以通过什么方法被提取出来，那么复制恐龙的基本过程便是克隆。（“克隆”这个词源于希腊语中的“枝条”，也就是植物中的扦插或压条繁殖的意思，即用枝干产生新的个体。）这一点在科幻作品中已司空见惯。

科幻作品中的克隆通常有两个明显的错误：克隆体和母体一模一样；克隆可以瞬时完成，或者只要几个小时到几天就能完成。在真实世界里，克隆虽然确实是一种复制，但这是基于克隆体和母体拥有相同的DNA。然而，生物体绝不是基于DNA的简单复制品。实际上，在生长的不同阶段，相同的DNA会产生不同的结果，不同的环境可以使基因有不同的表现方式。我们都见过自然的克隆体——同卵双胞胎，他们彼此间存在显著的不同。

人工克隆也有类似的情况，虽然我们已经拥有克隆技术，但这个技术本身并不容易成功。第一只克隆猫CC就是个很好的例子。理论上CC应该和它的母体一样，但是它的母体是只虎斑猫，而CC的身体却是一半白色一半黑色。就像其他克隆体一样，CC需要经历正常猫的出生和长大的过程。想在某间神奇的克隆室里一夜间就复制出一模一样的个体是不可能的。

当我们了解到DNA的性质和细胞的工作方法后，克隆技术看上去就只是简单的操作，但是其实不然。克隆不像两性繁殖那样把两个个体的遗传信息合二为一，而是复制一整套基因。1996年，人类首次用母体的遗传信息克隆出哺乳动物——绵羊多利；对于多利来说，它的遗传信息来源于乳腺，这也是这只克隆羊以美国乡村音乐天后多利·巴顿的名字命名的原因（她的胸部异常丰满）。多利的“妈妈/姐姐”早就去世了，它的细胞是在实验室中培养的，而不是从活的动物体中直接得来的。实验人员将未受精的卵子的细胞核放入供体细胞中。

和怀旧科幻作品《弗兰肯斯坦》中的情节类似，微弱的电刺激帮助细胞核和卵细胞融合，继而变成了多利，并开始了细胞分裂。新的卵细胞被植入代孕母亲体内，像正常的细胞一样生长，过了一段时间，多利出生了。它看起来是只正常健康的绵羊。以上描述只是真实历史的简化版本。如果克隆真的这么简单，克隆体早就已经遍布世界了，少数声称已经成功克隆出人的科学家早就自豪地把克隆人拿出来展览了。事实上，克隆哺乳动物实属不易。

即便是克隆多利也用了许多年。虽然相同的技术早就在两栖动物青蛙身上实验成功，但对于哺乳动物来说确实很困难。突破点在于使用和原设想状态不同的细胞。很多时候，我们身上细胞的分裂速度不像胎儿那么快。原来的设想是用高速分裂的细胞，而苏格兰的罗斯林研究所则使用了处于休眠状态的细胞成功克隆出多利。这些细胞一开始处于分裂状态，在被去除了营养物质后，细胞停止了生长。出人意料的是，这些休眠细胞竟然起到了效果。

虽然细胞已经开始分裂，但是问题并未解决：这些休眠细胞核在被植入卵细胞以后并没有继续生长。在首批 276 个样品中，只有 29 个显示出生长迹象，而它们在被植入代孕母体后，只有一个——多利——存活下来。不管怎样，我们有了多利。但克隆事业会越来越繁荣吗？我们有能力克隆一切吗？如果有合适的遗传信息，我们就能克隆恐龙吗？

不一定。动物克隆技术确实越来越成熟，但依然有许多问题。用于克隆的基因可能在克隆的过程中受损。克隆有点儿像用锤子和凿子修理瑞士名表，幸运的话确实可以修好，但更多情况下会造成损坏。有关克隆动物的后续实验已经证明，克隆过程会改变DNA，损伤重要的基因，产生不能存活的胚胎。这些问题在猴子、类人猿身上更严重，所以克隆技术很有可能不能产生健康的人类。当然，相较于恐龙，我们更了解人类自身和家畜。

有些人会说，克隆永远是个难以确定的过程，失败案例无法避免。当然，哺乳动物的克隆成功率非常低，大概只有0.5%—1.5%的概率会培育出看上去健康的幼崽。虽然克隆技术越来越完善，但成功率却没有什么改观。许多问题都是在胚胎形成后，乃至动物出生后出现的；如果相同的技术应用在人类身上，那么任何失误都是不能接受的。如果一个完美的克隆人需要以成百上千个有缺陷的克隆婴孩为代价，这在道德上是没有人能接受的。

有些追名逐利的人甚至声称自己已经成功地克隆出人类，虽然这些人从来没有拿出证据证明自己的言论。这个话题让我想起基于美国小说家艾拉·莱文的小说《纳粹狂种》(*The Boys from Brazil*)改编的电影。这部电影勉强算是一部科幻作品，因为科学概念只是这个动作片的引子，但这部电影也确实讨论了非常严肃的科幻主题：克隆人符合道德标准吗？

不能克隆恐龙的确让人失望，但这并不意味着所有灭绝的动物都无法通过克隆再生。猛犸象就是一个非常有趣的潜在克隆对象。它们在5 000年前灭绝，留下了足够完整的DNA。这些DNA常常在泥潭沼泽和冻土地中被发现，携带DNA的物质较容易被提取出来。更重要的是，大象是绝佳的代孕母体。《侏罗纪公园》没能很好解释的另一个问题是，克隆需要代孕母体孕育胎儿，但找到能产出霸王龙蛋的代孕母体实在太难了。

在本书成书的同时，至少有两个项目在尝试克隆猛犸象。它们分别是：从2011年开始，由日本东京大学的入谷明进行的预计2016—2017年结束的研究；最近突然开始投入这个领域的韩国兽医黄禹锡所做的尝试。但是黄禹锡的这个项目并不十分鼓舞人心，因为他曾经是著名的干细胞实验员，但在2006年由于伪造实验数据被首尔国立大学解雇。他确实有克隆动物的经历（假设这个实验的数据不是伪造的），在2014年他成功克隆出一只狗。

其他科学家对短时间内就能成功克隆猛犸象深表怀疑，也对复活猛犸象的科学价值心存疑虑，特别是考虑到以无数失败结果为代价才克隆成功的绵羊多利。毕竟，“侏罗纪公园”是个主题公园，而不是真正的科技成果。毋庸置疑，我们拥有一只活的猛犸象可以让我们搜集到一些信息；但是反对克隆猛犸象的人会说整个克隆过程耗时费力，克隆出来的动物也可能会饱受痛苦，收获却微乎其微。虽然现在发现的猛犸象DNA对于克隆来说依然不够完整，但这并不意味着这个想法不能实现。

克隆不是唯一一个从科幻小说中获得启发的生物学想法，恐怖片里经常出现的被泄露的转基因致命病毒相对来讲更常见。而且，有人担心现实世界的流行病可能会由被泄露的病毒或者恐怖袭击引发。现实和科幻的区别就在于成功的概率和病毒致病性的技术细节。从20世纪70年代起，转基因就是科幻作家关注的焦点。我们试图给出非黑即白的观点，但事实上人类已经从事转基因事业几千年了。

如果你对以上观点存疑，那么请看下面的例子：吉娃娃、大丹犬都是从相同的类狼品种繁育出来的；玉米和花菜已经发生了太大的变化，没有人类的参与，这些植物已不能繁殖。有选择地杂交和我们现在进行的基因改造其实没有太大的区别，杂交产生的结果更加难以预测，基因工程的潜力就是产生更明确的变化。

在科幻作品中，最接近基因改造的要数赫伯特·乔治·威尔斯在《莫罗博士的岛》（*The Island of Dr. Moreau*）中描绘的用人类细胞和动物胚胎产生兽人的故事了。这个科幻故事的情节和现实还是有区别的，故事中怪异的动物变种在现实生活中无法成功存活，但是多功能干细胞确实有医疗用途。

威尔斯设想出了莫罗博士的岛上的离奇杂交品种，比如豹人、羊人与狗人，但他也意识到给人类强加上翅膀是不切实际的。然而，这并没有阻止科幻作家对人类伟大梦想的探索。如果有种科技能让我们翱翔于天际，会是什么样子呢？

第7章

超能力装备

我在最热衷看漫画时，并没有成为漫威漫画的粉丝。在那时候的英国，漫画被视为幼儿读物，而当时已经10岁的我对蜘蛛侠已提不起兴趣。我更喜欢侦探漫画公司的作品，那里面的世界非黑即白，情节也更直接。超人率真的处世哲学比起漫威的复仇者联盟的意气用事对我来说更容易理解。在蝙蝠侠内心的黑暗面被激发之前，他是我最喜欢的角色。部分原因在于，他其实就是个普通人——不需要特别的能力，这让模仿蝙蝠侠变得更可行，而且孩子们都一门心思地想拥有他的多功能腰带。

正因为如此，我直到最近才开始关注钢铁侠。当然，就像本书第5章的那些机器人一样，托尼·斯塔克穿上战袍就会获得不同寻常的力量。然而，钢铁侠最令人称奇的技能其实是人类梦寐以求的飞行能力。漫画里的科技，平心而论，不像小说里的那么富有想象力。这并不出人意料，漫画受篇幅所限，是不能展开描写科学主题的。但是钢铁侠完美契合了人类的想象，再加上他的铠甲经常出故障，所以他更像真正的人类。（我们要忽略电影里飞快的换装过程，这完全是幻想。）

就像其他一些经典的科幻题材作品一样，人类有关飞行的梦想可以追溯到古希腊的代达罗斯和伊卡洛斯的故事。代达罗斯帮助阿里阿德涅指引忒修斯从关着牛头人身怪物的迷宫中走出来，之后，这对父子尝试从克里特岛逃出来。传说中，这对父子制造翅膀的材料是蜡和羽毛，也就是说用蜡直接将羽毛固定在飞行者的胳膊上。伊卡洛斯没有听从父亲的建议，他飞得离太阳太近，导致蜡熔化了，最终坠海而死。

其实这更像一个寓言故事，而不是一个可行的飞行方法。古希腊人没有意识到鸟并不是动物飞行的最佳模型（即便他们有幻想飞马的癖好）。他们按照鸟的比例为人或者马安上翅膀，但他们不知道鸟类的体重相对于它们的体积来说非常轻，它们有如赛车设计师一般的技巧，可以利用骨头的中空来减重。另外，鸟类翅膀的肌肉能产生人类胳膊无法产生的力，所以鸟类翅膀的结构不能应用于人类。但这一切并没有阻止人类按照这个思路进行尝试。

模仿的关键在于，鸟类扇动翅膀的时候可以产生足够大的浮力。但有些鸟类的模型则完全不同。老鹰张着翅膀在天空中盘旋，而且翅膀基本不扇动。老鹰利用了人类不能运用的上升气流，帮助它们飞翔。我们也许太重了，但是我们可以在更坚固的滑翔机上安装更大的机翼，产生更大的浮力。也许我们无法拥有像钢铁侠那样精密调控的装备，但我们也许能成为仪表堂堂的人形老鹰。

从中世纪开始，很多人都想借助临时的翅膀从高楼上飞下来。有些人试图像扇动翅膀那样扇动胳膊，但这无疑会酿成悲剧；另一些人则尝试更简单的刚性翼滑翔。从公元前5世纪开始，人类就成功制造出类似风筝的简易飞行装置。同时，各种源自坊间的飞行故事传播开来，其中有一个故事似乎是真实的，主人公是住在英格兰马姆斯伯里修道院的本笃会修士艾尔默。

传说中，艾尔默曾在自己的胳膊上绑上翅膀，在脚上绑个尾巴来增强稳定性。他从塔顶一跃而下——也许就是他居住过的马姆斯伯里修道院，飞行了大约200米（660英尺），这意味着他在空中大约待了15秒。20世纪初期的有关证据表明他当时惊慌失措，以致失去控制，坠地时摔断了双腿。但是，他做到了像鸟一样飞行。

毋庸置疑的是，还有一些其他的飞行尝试。众所周知，人类使用翅膀飞行的重大突破是19世纪初期英国工程师乔治·凯莱设计出的载人滑翔机，它包含现在固定翼飞机的一切基本要素。他开始时让小男孩尝试飞行，后来才把正常身高的成人送上天空。现在，翼装飞行为个人提供了单独滑翔的经历，让我们更接近梦想中的独立飞翔。但是作为一种娱乐设备，翼服不具备钢铁侠战衣的悬停能力和机动性。为了完善这些性能，我们需要看一下火箭背包飞行器的发展历程。

除了宇宙飞船和射线枪，可能没有比火箭背包和喷气背包更典型的科幻元素了（在浮夸的电影科幻而不是老派的文学科幻中）。钢铁侠穿上战袍后在高楼间盘旋，在天空中翱翔，这和超人令人称奇的超能力遥相呼应。《黑客帝国》的最终决战情节让观众会心一笑，男主人公尼奥可以不受常规飞行工具的约束，自由翱翔于天际，但它少了一点儿原创性。

火箭背包绝非不借助科技，而只是不借助翅膀或者设备，以站姿直接飞入天空，并且会给人自由飞翔的感觉。火箭背包是巴克·罗杰斯的各种化身的核心装备，是杰森一家的交通工具，是 007 系列电影《雷霆万钧》中邦德的有力装备。钢铁侠的盔甲也许 90% 是幻想，但是火箭背包确实能让我们飞起来。火箭背包的魅力让伟大的科幻作家艾萨克·阿西莫夫在 1965 年做出大胆预测，在 1990 年火箭背包将成为常见的通勤工具。当然，军方也对类似的可以快速派兵遣将的装备非常感兴趣。

虽然也有更早的尝试，但第一个有详细记录的火箭背包出现在 20 世纪 50 年代初期。工程师托马斯·莫尔制造了“喷气背包”的原型，在位于亚拉巴马州的军事基地红石兵工厂进行测试（据称这个项目得到了设计 V–2 导弹和美国国家航空航天局早期火箭的冯·布劳恩的大力支持），25 000 美元的经费在未取得任何进展的情况下就已经花光了。火箭建造公司锡奥科尔在试图制造用氮气作为助力的“跳跃背包”时也遇到了相似的情况，以致军方对这个项目失去兴趣的同时也断了其经费来源。

研发出第一架超声速飞机X–1的贝尔飞机公司却在这个项目上获得了更大的成功，该公司的工程师温德尔·莫尔（据我所知，虽然姓氏一样，但是温德尔·莫尔和托马斯·莫尔并没有亲属关系）制造出了小型火箭推进器。它们被装在X–1飞机机翼的顶端，在高海拔的地方能使飞机得到更好的控制。莫尔推断，这样的推进器可以让人类"像巴克·罗杰斯一样飞"。于是，他建造了一个严谨的刚性结构，称之为小型火箭升降装置。和锡奥科尔公司的原型类似，这个装置用压缩氮气作为助力。在测试中，该装置平稳地离地大约15英尺高。

1960年，军方的兴趣和经费又回来了，这让莫尔有条件重新设计他新命名的"火箭背包"。除了压缩气体的概念可以成功运用于火箭背包，还有一些其他可提供持续能量的物质需要加到设计中。莫尔用了化学式和水类似的过氧化氢（H_2O_2），这种物质常见于染发剂中。过氧化氢的结构不太稳定，易分解成为水和氧气，并释放热量。火箭背包中的过氧化物被催化剂银转化为高压蒸汽，从火箭的喷嘴中喷出作为动力。

第一次真正的自由飞行发生在1961年4月20日，年轻的工程师哈罗德·格雷厄姆绑着火箭背包从纽约州布法罗尼亚加拉瀑布起飞。这次飞行持续了13秒（时长和马姆斯伯里修道院的艾尔默的飞行类似），离地18英寸高，滑翔了112英尺。这项科技的进展很快，有了一系列成果：实现离地15英尺的飞行，向时任总统约翰·肯尼迪示范，关注度与日俱增。贝尔飞机公司大力宣传火箭背包，广告攻势凶猛。

尽管偶尔会发生事故，比如哈罗德·格雷厄姆从22英尺高的地方摔下来后决定不再使用火箭背包，但贝尔飞机公司依然在不断壮大。为了证明火箭背包不是只适用于经验丰富的工程师和飞行员，贝尔飞机公司找到了曾经为温德尔·莫尔割草的19岁学生威廉·苏伊特。贝尔飞机公司对他进行培训，以便把火箭背包介绍给全世界的普通消费者。在1964年纽约世界博览会上做了一系列成功的展示后，007系列电影的制作方和贝尔飞机公司取得联系。为了拍摄最新的007系列电影，他们需要一些新颖、酷炫、有前瞻性的科技手段。在《雷霆万钧》中，邦德利用火箭背包成功地在他的对手面前逃走，苏伊特和另一位贝尔飞机公司的飞行测试员戈登·耶格担任了男主角的扮演者肖恩·康纳利在火箭背包场景中的替身。电影中的火箭背包确实是点睛之笔，但有很多观众都以为火箭背包只是特技效果。

虽然贝尔飞机公司做了许多飞行测试，但军方还是渐渐丧失了兴趣，战地实操进展缓慢。火箭背包只能继续作为宣传噱头或者娱乐设备，在1984年洛杉矶奥运会上，当时已经是退伍老兵的苏伊特再次穿着火箭背包起飞。基本上，火箭背包的技术从20世纪60年代到现在都没什么进展。火箭背包的难题不在于稳定性，两轮的电动平衡车通过电力让骑行者保持平衡的原理同样适用于火箭背包。真正无法解决的问题是续航时间。燃料很重，所以每个飞行员能携带的燃料都是有限的，不能随心所欲地飞行。钢铁侠解决这个问题的办法是他胸口的那个魔法般的微型反应堆；而在现实世界中，火箭背包需要能源。现在的能源只能让飞行持续一两分钟，正因如此，火箭背包不能帮你飞过堵塞的路段。

进展更明显的则是飞车。虽然和火箭背包类似，飞车也经历了漫长的实验过程，且最终目标尚未达成，但飞车技术已经接近市场化了。然而，飞车的问题是，除非飞车可以完全自动飞行，否则很难想象城市上空满是飞车的场景。从我们的角度来看，飞车其实就是一种轻型飞机，不能产生“飞行的人”的感觉。我们再仔细看看钢铁侠的另一个重要装备——他的铠甲让他更有力量、速度更快，这比火箭背包更接近现实。

特别的装备可以让我们走得更快，比如欧洲民间传说中的七里格靴。七里格靴的概念非常简单，但它的原理却从未有人解释过。人的正常步幅大约是 1 码[①]，穿上这双神奇的靴子之后，你的步幅就变成 7 里格。1 里格的通常定义为 3 英里，7 里格意味着你每步可以走 21 英里。如果你以一秒钟一步的速度往前走，那么你一个小时大约可以走 7.5 万英里。如果忽略不能步行通过的大海，用不了 20 分钟你就能绕地球一圈。当然，因为你已达到超声速（声音一小时大约可传播 700 英里），所以你所经之处会形成超声波。（这一切的前提是你每步能走 21 英里。我

① 1 码≈ 0.9 米。——编者注

从未弄清楚这一步是怎么实现的，也许你是在做每下 21 英里的大跳。）

也许七里格靴只是一种幻想，但是使用装有弹簧的“弹跳高跷”确实可以增大步幅。弹跳高跷也叫作“能量靴”、“弹跳鞋”、“跳极”，它能让使用者离地 6 英尺高，步幅达 9 英尺。它虽不是严格意义上的“七里格靴”，但确实远超正常人的步幅。使用弹跳高跷需要一段适应期，专业使用者可以利用它完成常人无法完成的体操动作。事实上，这些工具模仿了袋鼠的弹跳。袋鼠弹跳消耗的能量比它从食物中摄入的能量要多，这件事一度让动物学家疑惑不解。真正的原因在于，袋鼠的腿可以在弹跳落地时吸收能量、再次利用，这和弹跳高跷的原理一样。

一个名叫“应用移动”的公司让弹跳高跷的发展更进一步（真的是更进一步）。“弹簧步行者”的原始版本，即被厂商称作“身体增强器”的产品，由人的腿和胳膊驱动，但终极目标是开发出外部供电版本。虽然这个产品多年前就承诺上市，但直到本书成书之际，依然没有太大的进展。就像弹跳高跷一样，“弹簧步行者”让携带它的人行动更快，外部供电版本也应该有类似的效果。而且，这些设备不会像车辆一样视障碍物和不平的地面为大问题。

“弹簧步行者”之类的设备非常接近科幻作品里的“军用外骨骼”，这种巨大的人形机器会模仿驾驶者的行为。也许是受到赫伯特·乔治·威尔斯在《世界大战》中描绘的战斗力超群的火星人的杀戮机器的启发，外骨骼的常见样式是游戏《重装机甲》（*Heavy Gear*）和《机甲战士》（*MechWarrior*）里的铠甲，或者是电影《黑客帝国》里的战斗机器。套在生物身上的外骨骼概念已经深入人心，就像某些动物的骨骼长在身体的外面一样，而不像人类的骨骼长在身体里面。从蚂蚁到龙虾，地球上的很多东西都有外骨骼。

军用外骨骼已经和很多其他科幻作品中的物件一起进入真实世界了，从纸上的梦想转变为实际的应用。美国国防部高级研究计划局于 1958 年成立，作为美国对苏联发射人造卫星的回应举措。这个机构的初衷是超越"弹簧步行者"，不用孱弱的弹簧让人类的步幅增大，而是用超强的动力突破人类身体的极限。它斥资数百万美元实施"人力增强外骨骼"项目，来制造适用于战场的铠甲。

该机构设想给人类制造可以通过外接能量来增加力量和速度的金属骨架。与人和机器的混合体生化人并不相同，它是一件动力外套，是科幻小说中大型机甲的轻量级版本。相较人形机器人，外骨骼的功能比较容易实现（利用液压系统、陀螺仪以及计算机电源来控制和保持平衡）。该机构确实成功制造出了外骨骼模型，其最终目标是尽可能地效仿人类的身体动作和能力，但力量和速度都远超普通人。最高级的模型会借助液压系统，用液体连接来提升力量和速度。

最简单的液压系统是于19世纪首次使用的水利仪器液压机。该系统的工作原理是封闭气缸里的液体由两个表面积不同的活塞推动，一个表面积小，另一个表面积大。推动小活塞会对大活塞产生压力，也就是说推进小活塞会使大活塞被推出。因为液体的体积一定，大活塞的运动速度比小活塞慢，大活塞会受到更大的压强，所以小活塞受到的较小的力会转化为大活塞受到的较大的力（大活塞的工作距离小于小活塞）。这其实就是液体版本的齿轮原理。

类似的系统可以把人力转化为更大的力量，但在外骨骼模型中，外接能量更可能是电能或内燃机产生的热能。电能的方案更灵活，也更吸引人，人们都极力避免在外骨骼上使用燃油引擎，但是电池技术可能会成为外骨骼功能的限制因素，就像现在市面上的那些电动汽车一样。

在战场上中途没电的外骨骼肯定不会受人欢迎。美国国防部高级研究计划局的目标是，“通过发展和人体完全契合的外骨骼系统提升士兵的速度、力量和耐力，从而强化士兵们在战争环境中的负重（盔甲、武器装备和物资）能力”。终极想法是，制造出能适应不同环境、满足各种需求任务导向的全副武装的外骨骼工具包。在外骨骼发挥作用的时候，操作者可以自由活动、无拘无束，也不会有额外的负担，因为外骨骼会帮助他们负重。

最早的外骨骼样本来自加州大学伯克利分校。2004年，该校的机器人与人类工程实验室对外发布了伯克利下肢外骨骼，这是一双由外接能量驱动的连接着背包的金属绑腿，可帮助人们在长距离步行过程中携带重物。最初版本自重 100 磅[①]，拥有 70 磅的负重能力，但使用者的体感重量不超过 5 磅。经过若干年的发展，这个负重工具的设想似乎被更精巧的产品取代了。

其中之一是战术突击轻型操作服。它是针对特种作战司令部的特殊设计，正处于设计提案阶段，预计 5 年内产品可上线。这种产品的功能和老式的沉重盔甲类似，防弹、方便携带武器、增加力量，但是产品更轻、更便携。与此同时，美国国防部高级研究计划局也在研究软质材料，研发一种叫作“战士网”的装备，这项产品利用特殊材料减少士兵的疲惫感和受伤的可能，而不是使其拥有超人的能力。

虽然有科幻意味的军用外骨骼总能吸引眼球，但是软质外骨骼确实有可能帮助那些行动困难的人。2006 年，松下公司对外发布了用压缩空气驱动的能量夹克，这个产品可以帮助半瘫痪的病人增强胳膊肌肉的力量，从而加速康复。相较军用外骨骼，能量夹克非常轻，大约只有 4 磅。虽然能量夹克需要外接压缩空气的驱动，而且它只是康复训练仪器，而不是每日的必需品，但它已经证明了类似科技在医疗应用上的潜力。

和军方不同，筑波大学教授山海嘉之，以及大和房屋工业

① 1 磅≈ 0.45 千克。——编者注

公司和日本赛百达因株式会社已经把外骨骼变成了实际的商品。该商品于2013年开始销售，虽然晚于原计划的2008年，但“机器人服装HAL”（混合辅助肢体的缩写）能为身体残疾的人提供可穿戴的支撑。在本书成书之际，上百件服装已经投入使用；2014年，该服装的进阶版本投入使用，大大提高了建筑工人的力量。进阶版本相较原始版本的一项新颖设计是，皮肤上的传感器可以收集神经系统发来的信号并传递给肌肉，从而调整设备。科幻作品中的外骨骼一般是对携带者自身的运动做出反应，但在医疗应用中，外骨骼需要在携带者无法正常行动时起到帮助作用。

笨重、占用空间是用电动发动机、液压器或压缩空气来增强人体力量的潜在问题。松下公司的夹克可能自重比较轻，但有很多管子从夹克里延伸出来，而且这些管子要连接到一个较大的泵上；而机器人服装HAL则只需要一个22磅重的电池。位于理查森的得克萨斯大学达拉斯分校的研究人员尝试用不同的方法来设计人工肌肉。

两个版本的人工肌肉已经问世，它们比人类的肌肉要强劲100倍。一个版本的人工肌肉以酒精作为燃料。这种“肌肉”是被特殊材质包裹的导线，可以让燃料无焰燃烧，加热导线，继而使“肌肉”收缩，产生拉力。另一个版本的人工肌肉——碳纳米管非常强韧，在这些细细的管子中，碳原子呈晶体形式分布，通电时管子会变形。催化剂帮助氧气和燃料相互作用产生电子，所以碳纳米管“肌肉”无须电池就可以工作。这两种人工肌肉的巧妙设计都在于收缩装置和能量来源合二为一，所以这些人工肌肉比外骨骼更紧凑，也更节省空间。

很显然，在医疗应用中，外骨骼能在人体外提供支撑；但是在军事应用中，人们意识到人为操控装置并不会增加很大的优势，所以有可能不再继续使用依附人体的重型装备。虽然未来世界的战争机器不一定是机器人，但也许会是有人遥控的无人机的陆地版本。如果动力装置可以单独行动，为什么要把人置于危险的境地呢？但不管这些装备会以什么方式被人类操控，不同种类的外骨骼无疑会在军事和民用领域继续发展。

钢铁侠手套上的射线枪和他的飞行能力一样神奇。早在托尼·斯塔克出现之前，死光、射线枪和相位枪就已经是科幻作品中的常见武器了，是时候聊聊它们了。

第8章

光束武器

我小时候总爱和小伙伴们一起在院子里玩印第安人对抗牛仔的游戏（那时候，小孩子的娱乐活动比现在多得多）。那时候的小孩子不知道害羞，拿着玩具枪就往外冲；大家都喜欢那种可以打响的枪——扣动扳机的时候，玩具枪里面的火药圈会发出“嘭”的响声。虽然我当时所处的20世纪北英格兰工业化小城和美国西部在时空上都相距甚远，但印第安人对抗牛仔的游戏确实是我们生活的一部分。时过境迁，玩具枪的选择和孩子们的游戏都变了。科幻作品成为娱乐活动的一部分，玩具枪也被能发光、有音效的玩具射线枪取代。

柯克舰长对此当然有发言权。《星际迷航》绝不是光束武器的首秀，射线枪是20世纪50年代科幻作品中的标志性武器，它的出现要追溯到20世纪20年代。科幻影视作品借助“爆能枪”一类的概念深入人心，“企业”号战舰的成员们使用的相位枪比其他的未来武器都更为人熟知。（这一点确实令人匪夷所思，特别是它的外形设计从原来经典的射线枪变成了便携式手电筒的样子。）相位枪让光束武器和西部片里的六发式左轮手枪一样，变得无人不知。

你也许会说死光的首次出现并不是在科幻作品中，而是在真实世界里。由于古希腊人喜欢把事实和神化混为一谈，所以我们也不确定哪些故事是历史事实。最早的光束武器运用的是太阳光，玩过透镜的人都知道太阳光造成的伤害可能会很大。这种假想出来的武器的发明者是古希腊数学家和工程师阿基米德。

阿基米德生于公元前287年，他喜爱光和镜子，还写过一本光学著作，但是和很多其他著作一样，这本书已经失传了。他生活在锡拉库扎的西西里岛上，一生经历了希腊的巨大动荡。曾经被希腊公民以野蛮人的身份驱逐的罗马人全面进攻希腊，这证明了文明并不一定是赢得战争的最好方法。公元前212年，锡拉库扎已在罗马人的掌控之中。就像"二战"时期美国和欧洲的科学家临危受命启动"曼哈顿计划"一样，阿基米德被委以重任，研发保卫城池的武器。

确实有证据证明阿基米德改造机械设备，击沉停泊的敌船，据说他也制造出光线武器，用太阳光烧毁靠岸的敌船。阿基米德肯定知道弯曲的镜面可以聚焦太阳光点燃物体，而且他肯定也计划建造可以在港口使用的武器，利用太阳光攻击敌船。可能的情况是，他用这种方法成功烧毁了木质船体，因为这种船为防水会在连接处涂上易燃的沥青。

其实，点燃船舶并没有这么容易。目标船体肯定在水面上浮动，湿木头没那么易燃，但甲板上遍布的沥青类密封剂和其他易燃物品都是助燃的。2 000 多年前，没有任何确凿证据证明那时的人类有镜子，也可能阿基米德的想法根本就没有实现。镜子武器可能是阿基米德临终前还在进行的设计，传说罗马士兵入侵锡拉库扎的时候，阿基米德正在沙子上画图。他连头也没抬，只告诉罗马士兵不要挡住光；而这些士兵并没有意识到他们眼前的人是阿基米德，只是因为这个老者的不敬就杀死了他。

《流言终结者》（*MythBusters*）节目的主持人几次试图重现阿基米德的镜子武器，但没有一次成功点燃船只，流言只是流言而已。也有一些科研人员对该节目主持人的操作心存疑虑，指出镜子角度和反射面位置的局限性。其他一些实验确实可以在一定距离之外点燃目标。可见，这种形式的“射线枪”的成功率似乎刚好踩在及格线上，而且只在阳光强烈的条件下才有可能成功。聚焦的光束武器能迷惑入侵者，让入侵者的眼睛暂时失明，这也许在保卫锡拉库扎的战斗中起到了作用。

“射线枪”的概念确实不能追溯到古希腊时代，但它反映了科幻和科学相辅相成的发展过程。“射线”一词最初见于 15 世纪的英文诗，最开始是用来描述狭窄的光线。古诗《珍珠》（*Pearl*）中这样写道：“晶莹的悬崖熠熠生光/皎洁的光线依次向前。”此外，在 20 世纪，法语从拉丁语中引入了用来形容狭窄光束的词语——“射线”（radius）。

19 世纪，“射线”这个多功能的词语便开始被用来描述所有微弱的散射状光线。英国天文学家威廉·赫歇尔在研究光谱的不同部分对温度的影响时发现了红外光。红光部分有更多的热量，他通过移动温度计，发现了波长越长热量就越高的现象，即便在光线不可见时也如此。他把这种看不见的光叫作“热射线”。之后，科学家在放射性物质和宇宙射线中发现了 α 、β 和 γ 射线。（其实只有 γ 射线是真正的光束，其他的所谓“射线”都是高能粒子。）再之后，最受欢迎的X射线也被发现了。X射线确实具备科幻特质，因为它可以透视不透明的固体。

同时，利用聚焦的光线引发灾难的科幻武器也出现了。在华盛顿·欧文1809年的小说《征服地球的月亮》（*The Conquest of the Earth by the Moon*）中，拥有先进科技的外星人使用的是“强力光束武器”。然而在威尔斯1898年的小说《世界大战》中，有自主行动能力的机器人可以利用抛物面反射镜从内置发生器中发射出有热量的射线（可能是红外光）。同年，加勒特·瑟维斯迅速模仿出像威尔斯一样的作品——《爱迪生征服火星》（*Edison's Conquest of Mars*），里面提出了“粉碎射线”。到了20世纪20年代，射线枪和爆能枪已经成为科幻小说和电影中司空见惯的武器了。

在死光方面把现实和科幻结合得最好的人是尼古拉·特斯拉。在科学技术的历史上，关于特斯拉的奇闻逸事比任何人都要多。在网络上，你能找到赞扬特斯拉的长篇累牍的文章，他常被描绘成一个不受世人理解的擅长发明创新的天才，同时受到邪恶贪财的竞争者的排挤。可怜的托马斯·爱迪生常被用作反衬特斯拉光辉形象的反面人物。

事实上，特斯拉和传说的形象不尽相同；和其他人一样，他也是一个普通人。特斯拉出生于克罗地亚，1884 年成为美国公民，是一个杰出的工程师、一个失败的商人、一个不太成功的科学家，还是一个极端的理想主义者。科学和技术的界限很难划分，但它们的确是完全不同的概念。有些理论家对实验一窍不通，工程师们也常常知其然而不知其所以然。

特斯拉为现在全世界都在使用的交流电技术打下了基础，他是第一批提出工业界中的重要概念之一——多相系统的人，他也制造出他那个时代最优秀的交流电动机。特斯拉还创新地使用特斯拉线圈来产生极高的电压，他在无线电控制和发电机设计方面也有创新发明。但特斯拉并不是无线电通信方面的领军人物，他发现了X射线一类的传闻也并不属实。

很多证据都表明，特斯拉不懂电磁辐射。阴谋论者称，特斯拉关于世界通信（和能量传输）的设想被爱迪生等具有政治手腕的人藏起来了；但其实特斯拉只是异想天开地认为可以经由地表传输电振动，无线电波即可形成回路（这个想法是基于特斯拉擅长的电流闭合回路，对无线电传输并不适用）。特斯拉的拥护者说，古列尔莫·马可尼等人总是把特斯拉的想法占为己有，他们成功背后的无名英雄是特斯拉。其实特斯拉只是一遍一遍地承诺实现他臆想的回路系统，他并没有成功，也永远不会成功，因为他不理解其中的物理原理。

虽然特斯拉晚年确实提出了一些新颖别致的设计，但这些设计往往只是他为自己惊天动地的发明拉赞助的权宜之计。他不断承诺会创造出新的奇迹，但却拿不出什么实际成果，其中包括“远程武器”和“死光”。公正地说，特斯拉一度对媒体把他的想法强行命名为“死光”表示异议。特斯拉脑中想的并不是光线武器，因为他认为光会快速地损失能量，他描述的其实是高速运动的带电粒子。

特斯拉夸大其词、虚张声势地称，他的粒子枪可以“在 200 英里以外的距离击落 1 万架敌机”。他的设计比较类似于现在宇宙飞船中常见的离子推进器，通过静电斥力把带电粒子有序地发射出去。这个概念本身是可行的，但把这个概念用于战场中的武器却不太可能。如果特斯拉真的像他说的那样，成功地运用这个概念制造出武器，那么他也会意识到实际部署的难度。这就是现代战场上看不到类似武器的原因，虽然其概念已经非常明晰，而且有很多科学家在进行带电粒子流武器的研究。

毋庸置疑，有些武器利用电磁作为加速动力，比如轨道炮利用电磁原理沿着轨道加速液体中的金属。轨道炮可以把投射物加速到和普通枪类似的发射速度，但是轨道炮和相位枪依然不同。和相位枪更相似的可能是泰瑟枪（taser），泰瑟枪的名字源于“激光”（laser）。

市面上最常见的泰瑟枪会将一对给人刺痛感的电极发射到

对方体内，经由连接着枪的电线释放出高压电，继而用电流击倒对方。制造商美国泰瑟公司已经研发出了无线版本——霰弹枪，它会发射出特殊的内含高压电池的防暴弹。但这两种泰瑟枪和科幻小说中的射线枪不同，泰瑟枪依然是一种发射型武器。

《星际迷航》中的相位枪应该也是一种激光枪，虽然它和科幻电视、电影里典型的射线枪不太一样，相位线需要经过一段时间才能从枪口到达目标。但事实上，光速非常快，光在短距离内传播所用的时间基本上可以忽略不计。《星际迷航》的编剧吉恩·罗登贝瑞有意要区分相位枪和射线枪，从而让“相位枪”听上去像新发明，而且剧情需要相位枪自带“击晕模式”。此外，考虑到光速和时间的问题，“相位枪”这个新名字能让技术宅和书呆子们不再纠结于细节。

罗登贝瑞也没太在意相位枪的另一个在科学上不太准确的地方，其他科幻作品中的光线武器也有类似问题，即从侧面可以清晰地看到武器发射出来的光线。从心理学上说，利用可视光线明显地区分光束武器和传统手枪之类的武器很有必要。我们无法捕捉到子弹以每小时几百英里的速度击中目标的整个过程，如果光束武器也是突然间就击中目标，光束武器和子弹看上去就太相似了。但是，光不像其他的物体那样肉眼可见。一束光、激光或者其他光在不反射的情况下，我们从侧面是看不见它们的。

当然，在激光表演中我们可以看到光线，这是因为空气中有大量的烟。烟中的颗粒让光线发生折射，进入人眼，我们才能看到光线。但在真空的太空中或者宇宙飞船的走廊里，烟并不常见。正因为如此，从侧面我们应该看不到光线，最多能看见激光打到目标上出现的亮点，比如激光笔。在科幻作品中，激光瞄准基本上会基于这个事实，我们除了在即将遇害的人胸口看见不祥的红点外看不到任何光线。然而，光线武器大多不会遵循这个事实。

激光，毋庸置疑是现实世界中最接近科幻作品的发明。激光的前身是微波激射，它是爱因斯坦1916年提出的概念的现实版本。通过合适的介质，光子可以激发电子，使电子进入半稳定的高能状态。此时，第二个光子和高能电子相互作用，产生两个光子。其结果有点儿类似光的放大。

20世纪50年代，这个过程由介质氨气实现，微波经过氨气会产生放大效应。理论和实验几乎同时公开，苏联科学家亚历山大·普罗霍罗夫和尼古拉·巴索夫提出理论，美国人查尔斯·汤斯在苏联科学家发表论文之前就实现了微波激射，但在文章发表之后才公布自己的实验。微波激射的概念很有意思，而且在电信和原子钟设计方面也有实际的应用价值，但无法实现大规模的应用。利用可见光实现相似的概念在大规模利用上更有前景，世界各地的科学家都争相研究光学微波激射器，从而展开了一场前所未有的技术竞赛。

汤斯和贝尔实验室的阿特·肖洛曾一起进行光学微波激射器的研究，但却面临着年轻的戈登·古尔德的挑战。两个团队都想到用置于两个内含合适介质的凹壁中的一对镜子来聚集光线。汤斯从贝尔实验室的角度考虑，一心想要优化通信信号，并没有试图把这个概念运用到极致，而古尔德则试图产生类似太阳光的强光。

古尔德深谙这场技术竞赛的潜在影响，他用文字记录下自己的想法，标题为“粗略估计激光的可行性”。这是“激光”一词首次出现在人类历史中。（与此同时，汤斯正马不停蹄地把这个新想法和已有的设备联系在一起，他坚持使用不那么时髦的旧称呼，即光学微波激射。）古尔德的研究进展很快，但仅凭一己之力无法完成，于是他把自己的研究带到了研究国防项目的技术研究集团公司里。该公司又把这个想法进一步带到了新成立的高级研究计划公司里，但古尔德依然是这个概念的倡导者。

古尔德认为激光可以有一系列潜在的军事用途，而没有像其他科学家那样谨小慎微、故步自封。古尔德说，激光可以把信息带到火星上去，在金属上打孔，帮助武器精确瞄准，甚至可以摧毁导弹。这听起来似乎是特斯拉对他臆想的武器的吹嘘，但是古尔德做出以上设想确实有足够的科学依据。激光研究的结果远超预期。技术研究集团公司当初向高级研究计划公司申请了 30 万美元开展研究，最后研究总收益达 100 万美元，这在当时可是一笔巨款。

高级研究计划公司当然希望为这个有前途的项目保密，于是，接下来上演了一幕可笑的悲剧，古尔德的研究也因此被搁置。古尔德没有通过背景审查，在那个时代的美国，他被认为从小受到左翼思想的影响，因为他在结婚以前就和妻子同居了，而且他的朋友都留着络腮胡，看上去有反政府的倾向。古尔德不可以进入实验楼，也不能看自己的实验记录，相关记录也都被没收了。

古尔德因为背景审查的问题而耽搁了实验进程，汤斯的团队也遇到了瓶颈。在这种情况下，技术竞赛中出现了第三个竞争者，他就是休斯公司的工程师和物理学家西奥多·梅曼。梅曼在微波激射的研究方面非常有经验，他决定用红宝石作为介质，虽然当时肖洛漫不经心得出的错误的实验结果已经证明红宝石不适合做介质，贝尔实验室也已经把这个实验结果公之于众。

其他竞争对手面临的实验瓶颈让梅曼在技术竞赛中占得先机。古尔德依然受到安全审查的困扰，贝尔实验室则决定尝试难度更大的介质。所以，梅曼只剩下一个最大的问题：在避免弧光灯过热受损的情况下如何得到足够强的光。直到此时，每个人都觉得激光应该持续工作（许多激光确实是这样的），但梅曼的助手查理·阿萨瓦却考虑使用瞬时的强光，这样可以让弧光灯有时间冷却而不致过热。

阿萨瓦的一个朋友是个集齐了所有新款器材的业余摄影爱好者，他刚买了一种旧式闪光灯的替代品。旧式闪光灯会产生巨大的强光，以致烧坏镁丝或锆丝。每次使用后，都必须为闪光灯更换灯泡，整个过程又慢又烦琐。阿萨瓦的朋友购入了最早的电子闪光灯，使高电压脉冲通过低压氙气，让一个闪光管可以多次闪光。

早期电子闪光灯的闪光管内部大多是螺旋形的，梅曼利用这个结构，在闪光管里放了一个圆柱体的红宝石。红宝石的两端各有一面镜子，其中一面中间有一个小洞，可以让强光通过。用铝箔纸将整个装置包好，铝箔可以起到遮光的作用，让里面的光不会外露。这个装置像是从某个疯狂科学家的实验室里拿出来的。在 1960 年 5 月 16 日，世界上第一个小型的、只有拳头大小的激光灯诞生了。

几个星期之后，休斯公司召开记者发布会，讨论激光在通信方面的潜在应用。但参加发布会的其他人却有不同的想法，他们以为会看到射线枪的原型。梅曼虽然像个老派学者，不具备古尔德自吹自擂的能力，但梅曼并不否认激光可以用作武器的潜力。和梅曼的预想不同，第二天各大报纸都刊出头条新闻，标题包括"一个来自洛杉矶的男人发现了科幻小说中的死光"。

古尔德是第一个从事激光研究的人，大家对此并没有太大异议（虽然贝尔实验室称红宝石是他们首先尝试的介质，但却没有把握住机会），而对谁在激光理论上有显著贡献却各执一词。古尔德依然纠结于他永远无法通过的背景审查，他只是 1964 年于英国、20 世纪 80 年代于美国拿到了专利。汤斯、尼古拉·巴索夫和亚历山大·普罗霍罗夫三人共同赢得了1964年的诺贝尔物理学奖。古尔德和梅曼甚至都不在诺贝尔奖评审委员会考虑之列，这无异于在伤口上撒盐。

梅曼第一次展示激光之后的4年，激光变成了科幻作品中的首选射线枪；在007系列电影《金手指》中，一个非常类似梅曼展示的仪器发射出（假的）红色光线，瞄准詹姆斯·邦德，意图把他悄悄杀死。现在，激光被广泛应用于精密切割和医疗领域，但它还没有被应用于军事领域。我们都熟悉电影中红色激光瞄准受害者的场景，但正在设计中最接近手持射线枪的武器的作用是让敌人失明。而且这种设计的产品似乎永远不会问世，因为联合国的一项协议禁止使用所有永久性致盲的武器。虽然上述激光武器应该只会让敌人短暂失明，但它无法完全排除永久致盲的可能。

舰载激光炮也在研制中，并且至少已进入试验阶段。枪炮的后坐力可能会导致船的稳定性问题（这也是没有后坐力的火箭最先实现舰载的原因），因此舰载激光武器是个绝佳的想法。和科幻作品中直接将靠近的飞机和导弹一分为二的死光不同，舰载激光武器可以快速加热目标物体的表面，产生类似冲击波的效果。当然，激光已经走进了我们的日常生活，比如激光打印机、CD（小型激光唱片）和DVD（数字化视频光盘）中的微小的固体激光器，以及汤斯的气体激光器的现代版本——超市扫描仪。但是无论如何，激光产品都没有成为科幻作品中常见的射线枪。

1977 年（仅在激光问世 17 年后），科幻作品就把死光和剑相结合，“光剑”成为科幻世界的最佳武器。《星球大战》中绝地武士挥舞着光剑，把喧嚣人群中的敌人劈成两半，这个场景让光剑武器看起来既复古又神秘。但这同时也引出了一个老生常谈的问题——有些人肯定觉得我这么说大煞风景——这个场景不符合光的物理特性。

一束光和铸剑用的金属片有着本质的不同：光不能自己停下来。光从剑中伸出来几英尺，然后骤然停住，那么在光停住的地方肯定有一些东西能让光反射回来。但是，事实上什么都没有。市面上确实有一些解释光剑科技的马后炮理论，类似由力场限制的流体光束，但是毫无疑问，光剑的本质是在空中骤然停住的激光。有点儿物理学常识的人都知道这不可能。2013 年当我看到某报纸头条称光剑可行性的新闻时，着实大吃一惊。

当时，最常见的头条有“光剑终于被造出来了”，“科学家终于制造出了真实、实用的光剑”，“麻省理工学院、哈佛大学的科学家无意中制造了真实的光剑”。（我喜欢新闻中用的“终于”这个词，语气好像那些懒惰的科学家费了半天劲儿才做出一个特别简单的小玩意儿。）这些夸张新闻的始作俑者是哈佛大学的米哈伊尔·卢金教授，他当时做出如下的评论：“把这个等同于光剑，也不算是不恰当。”这明显是他在哈佛大学的公关部门的怂恿下发表的言论，听起来令人印象深刻，科学看来也可以变得很有趣。但是，说它是光剑确实有些牵强。

卢金的研究小组利用叫作“玻色-爱因斯坦凝聚”的特殊低温材质，成功产生了“光分子”——一对暂时相互连接的光子。因为光子通常不和其他光子相互作用，所以这确实是个重要的突破。光分子在机器建造方面非常有用，因为光分子可以代替电子，成为彻底改变计算机和其他电子设备的“光电子”。

光电子可以形成“里德伯封锁”，从而阻挡光子的前进。利用这个原理，科学家们成功使第一个光子暂时抓住第二个光子，从而将两个光子连接在一起。光子在运动中前推后搡，不停地在介质中与一个又一个的光电子相互作用。这个发现确实很有意思，但是和制造光剑没有直接的联系。除非我们实现了进一步的重大科研突破，否则光剑在短时间内只能是幻想。即便是简单版本的手持射线枪，在短时间内也不太可能实现。

虽然手持式光束武器在现实世界中还不存在，但这并不妨碍它一直是另一个科幻角色的最爱。下面我们来谈谈外星人。

第9章

外星人，你在哪儿？

我童年时期的低成本科幻片和流行恐怖片总是会出现长着昆虫眼睛的怪兽。在那个年代，《世界大战》中的火星入侵者新颖又恐怖，也是后续外星人入侵作品的效仿对象。书中，占领伦敦的战斗机器已经挺让人害怕了，但是战斗机器内部的生物更让人恶心。这些生物的大脑袋直径 4 英尺，但没有身体。“它有一双深色的大眼睛，下面是一张大肉嘴……嘴的周围是 16 个细长的鞭状触角……”

我记得当读到威尔斯描绘的这些嗜血怪物的样子时，我对战斗机器的感情由恐惧变成了厌恶。对我以及我的同龄人来说，小时候最让人胆战心惊的反派外星人就是电视剧《神秘博士》中的戴立克人，我当时真的是躲在沙发后面看的那几集。（我不知道为什么，但当时确实有许多孩子都是躲在沙发后面看的《神秘博士》。现在已经不会这样了，也许是因为中央空调的普及，现在的家庭已经不再像以前那样，把沙发摆在屋子中间靠近火炉的位置。）像《世界大战》中的火星入侵者一样，戴立克人是一种生活在战斗机器内部的类似头足纲的生物。

戴立克人本质属于生化人，它们是具有外星人长相的怪物，像对待奴隶一样对待其他种族的人，这是编剧特里·内申对“二战”时期纳粹的影射。在平地上，戴立克人冷酷无情，势不可当；遇见障碍物的时候，它们则乘着飞碟越过障碍物。

但是回顾早期的科幻小说，我们可以发现其他星球上没有现代意义的外星人。外星世界居住着人类和动物的变种，这些变种通常有世俗的想法，而且它们的生活方式不过是对人类生活的一种讽刺。直到19世纪进化论普及，作家们才开始想象在完全不同的环境中会进化出完全不同的高等生物。

在书里，外星人的形象和作者们的想象一样千变万化，现代的计算机成像技术让非人类外形的外星人出现在荧屏上成为可能。但是在早期的荧屏上，特别是小成本制作的电视剧里，除了皮肤颜色和类似假肢的东西以外，外星人和人类基本没什么区别，类似《星际迷航》里的瓦肯人和克林贡人很常见。在第一季的“角斗场”那一集中，柯克舰长大战外形既可笑又可怕的蜥蜴人高恩，而蜥蜴人只是由戴着面具和爪子手套的人扮演的。（这一幕常被评作科幻作品史上最差的打斗场景，观影者很难不嘲笑它。）

人形外星人反复出现在荧屏上的主要原因是剧集成本较低，在《星际迷航：下一代》中，编剧终于决定要给出一个合理的解释，即人形外星人和人类拥有共同的祖先。

我们当然可以借由地球上生物的样子来想象外星人的模样。地球上的生物有几个共同的属性，比如几乎所有的脊椎动物都有四肢和尾巴。所以，我们完全可以想象出一套与人类既相似又不同的外星生物的共同属性。进化论为相似的问题给出了相似的答案，比如，章鱼和人的眼睛外形相似，但章鱼和人的进化过程却截然不同。世界上还有其他种类的眼睛，其工作原理也不尽相同，比如，昆虫的复眼和龙虾的柄眼。我们也许可以因此想象，在某个有光的星球上，不同的生物有不同种类的眼睛，但是不同种类的眼睛之间也有相同的地方，特别是一些类人高级生物。

科幻作家应该更关注的一个基本问题就是生物的比例。简单的物理原因就可以解释为什么我们永远不会在现实中看到《哈利·波特》或《指环王》中出现的那些巨大的蜘蛛，也不会看到巨大的外星人。如果按比例放大某个动物，那么动物的腿的横截面和力量是按平方的比例增长的，因为这些都属于二维层面；但是，身体质量是按立方的比例增长的，因为质量是三维层面的。所以，身体质量的增长速度要比腿的力量的增长速度快，巨大的蜘蛛腿很可能会不堪重负。

即便是怪兽哥斯拉也有很严重的比例问题。在 1945 年的经典电影中，这个像恐龙一样的怪兽大概有 50 米（160 英尺）高。时过境迁，它越来越大；在 2014 年的电影中，它足有 106 米（350 英尺）高。与之相似的霸王龙，最长也不过 12 米（40 英尺），还包括尾巴，站起来的话至多高 6 米。2014 年，在阿根廷发现了最大的恐龙，站起来大概有 20 米（65 英尺）高。但是那只恐龙的形状更像迷惑龙（迷惑龙曾经被误认作雷龙）。除非哥斯拉有超级粗壮的腿，否则它是无法支撑它的身体重量的。

其他生物按比例放大也是如此，科幻作品中的外星人常被描绘成巨大的蜥蜴或昆虫。从严格意义上说，哥斯拉并不是外星人，而是一种原始的海洋怪兽，受到核辐射而变得体型异常巨大。无独有偶，B 级片[①]《它们！》（*Them!*）中出现的巨大蚂蚁也应该是突变体，而非外星人；同理，它们的身体其实无法承担其体重。可能你会觉得奇怪，虽然恐龙没有哥斯拉那么大，但也相当巨大。其实大型动物的腿比同比例的小型动物的腿要强健得多（试想大象和老鼠的例子）。

综上所述，巨大的外星人理应需要非常强健的四肢。但如果外星人和我们的化学组成完全不同，就另当别论了。外星人的骨头可能比我们的骨头要结实，它们可能生活在质量更大的星球上，是一种能承受更大重力的硅基生物。

谈到外星人时，重力是一个需要考虑的参数。外星人可能出现在重力比地球大得多的星球上吗？也许外星人有不同的运动方式，因为举步维艰；或者外星人可能飘浮在重力很小的星球上，就像雷·道格拉斯·布拉德伯里的《火星纪事》（*Martian*

① B 级片指拍摄时间短、预算低的影片。——译者注

Chronicles?）中的气球生物一样；也许它们的结构异常脆弱，身体会被地球重力瞬时损毁。

非常轻的外星人的极致状态是没有质量。除了人形外星人以外，《星际迷航》里还有一类备受重用的外星人——“纯能量”，它除了闪光点和缥缈的声音以外不需要任何昂贵的特效。在早期的科幻作品中，外星人以没有实体的能量形式存在是比较常见的，但近期的科幻作品中则没有那么多这样的外星人了。也许早期科幻作品是为了迎合宗教中“无形体的灵魂”的概念，但这越来越让持怀疑态度的现代社会的人们不能接受。

更大的问题也许是“科学元素”，就像在化妆品广告中宣传的那样。我很难想象一个纯能量的生物如何作为一个物理实体存在，因为这必定需要一些类似于第4章中讨论的力场机制。这也许会非常复杂，因为它需要储存记忆，让大脑感受无形的能量。同时，我也很难想象这种生物体的进化机制。就像早期科幻作品中描绘的外星人那样，它们曾经有实际的肉体，利用某种科技变成了纯能量状态的生物，但这些作品并没有解释清楚它们如何不借由任何物质和其他物理实体相互作用。当谈到具体的物理细节时，我们就会发现纯能量的生物是不切实际的。

诚然，我们可以想象出计算机中的电线被能量替代的样子。这些能量——光束——可以在有限的空间里以各种方式连接，并不受影响地传播下去。这种能量不受物理实体的约束，也不需要存储和处理的空间，它会按照光学原理向外辐射扩散，这确实是个理想化的想法，但是在生物体中实现起来却非常困难。能量和物体的复合物有可能存在，但是纯能量的生物却不可能存在。

早期科幻作品中常见的另一种外星人用到了生物科学的概念，即外星生命是基于硅的，而不是基于碳的。在元素周期表中，硅和碳属于同一族，硅在碳的下面，硅和碳都是通过灵活的四键结构组成共价键。地球上的陆地生物是基于碳的，因此早期的科幻作家想象出基于硅的“石头生物”似乎是合理的。但是，硅的原子核比碳大得多，这导致硅不能像碳一样形成五花八门的长链结构。

组成生命的DNA、RNA、氨基酸、蛋白质复杂多样。人类的 1 号染色体不能算陆地生物中最大的染色体，但这条染色体包含 100 亿个原子。用更多、更简单的分子组成生命固然有可能，但是生命的复杂程度决定了组成生命的分子肯定也比较复杂。硅可以形成和碳类似的结构，比如硅烷和甲烷的结构类似，但是硅基分子更容易和水发生反应，所以形成有机生物很难，石头生物也不太可能出现。

我们确实在太空、彗星和其他一些星体中发现了地球上生物的基本组成物质，比如氨基酸，但我们没有在这些地方发现硅基物质。虽然自然界中有一些硅基分子，但无论是数量还是多样性都远比不上碳基分子。虽然地球上硅元素的绝对含量相当于碳元素的 1 000 倍，但碳元素却是生物的主要组成元素。（事实上，绝大多数碳元素都出现在生物中，而硅元素的分布则更加广泛，如果可行，它本应该用途更广。）

不管外星的生命形式是不是基于碳元素，绝大多数科幻作品都把外星人描绘成我们的敌人。的确，高智商的外星人没必要穿越星际来到地球向我们宣战，但早年间，威尔斯笔下冷酷的火星人是一群穷兵黩武的怪物。从进化论的角度看，自然选择是一切的动力。在优胜劣汰的规则下，科技领先的外星人来到地球的原因绝不是表示友好、进行文化交流，而是掠夺资源。

在纸浆时代（19 世纪 90 年代到 20 世纪 50 年代）的科幻作品中，外星人还要淫掠“我们的女人”，这也从一个侧面反映出当时的两性态度。事实上，那时候科幻作品中的外星人更像曾经的维京入侵者，烧杀抢掠、无恶不作，只是穿着的衣服不同。物理学家斯蒂芬·霍金曾经警告世人，外星掠夺者会把人类置于危险的境地，这算是科幻作品和科学界的共识。

2010 年，霍金在探索频道的一部纪录片里表示，外星人会有意利用我们的资源。霍金说：“如果外星人来到地球，结果就会像哥伦布来到美洲大陆一样，美洲原住民并不会因此受益。”正如一些科幻作品描述的那样，我们已经向太空发出信号，希望能和外星人互动。但是霍金建议，我们应该尽力隐藏自己的存在，减小交流的可能性。霍金说：“我们看看自己就会明白，我们是不愿意和其他高智商的生命体相遇的。”

从某种程度上说，他的警告来得有点儿晚了。4 个表明人类存在的飞船已经飞出了太阳系。先驱者10号和先驱者11号携带着标明我们在银河系中所处位置的镀金铝板已飞离地球，上面还有男人和女人的裸体像，还有用脉冲星定位地球的方法。旅行者1号和旅行者2号则携带了镀金铝板（其中一面画着如何播放唱片）、通过14个极易观察的脉冲星定位太阳的方法，以及包含视频和音频的黑胶唱片。（旅行者1号和旅行者2号的镀金铝板上没有广为诟病的男女裸体像。）

在浩瀚的星系中，飞船被外星人捕捉到的概率比大海中的漂流瓶被人捡到的概率要小得多。比起捕捉飞船，外星人更有可能检测到我们发射到宇宙中的光。在过去的100年里，我们发射出各种无线电信号：一开始发射的无线电信号比较微弱，但现在已经发射出了大量比较强的无线电信号。有些信号已经进入太空，围绕地球向外传播，理论上离地球最远的无线电信号已经超过100光年。因此，外星人对地球的理解可能是基于20世纪50年代的美国情景喜剧《我爱露西》（*I Love Lucy*），这一幕实在有点儿诡异。

从理论上说，无线电信号的衰减速度和距离的平方成正比，所以即便是我们现在发出的无线电信号，也很难在很远的距离外被检测到。外星人还有两种可能发现地球的方法。其一是比较地球白天和夜晚的亮度差，但是背对着太阳的那个半球会大量用电，因此白天和夜晚的亮度差其实没有那么大。其二是对投射到大气的光进行光谱分析，进而分析化学物质的组成，再进一步推测出地球上存在文明。

我们当然没法像霍金建议的那样一直躲藏，但我们只是银河系里一颗不起眼的小行星，即便有外星人正在努力找寻我们栖居的星球，它们也必须有点儿运气才能发现我们。这又涉及飞碟和外星访客的一系列问题。科幻作品和现实再一次交汇，因为许多关于外星人和外星飞船的报道和科幻作品中的描述如出一辙。在灰色、大眼睛、大脑袋的外星人成为科幻作品的主角之前，外星人经常被描绘成“小绿人”。当时关于外星人的报道也如此，所有目击飞碟的报道似乎都是基于对科幻作品描绘的景象的误解和想象。

因为浩瀚宇宙中星体的数量实在太多了，所以人类不太可能是唯一的智能生物。宇宙中有数百亿个星系，每个星系里又有数百亿个星体。所以在我们所理解的宇宙中，应该有其他存在生命的星体，有些文明可能比我们还更发达。

1961 年，美国国家射电天文台的天文学家法兰克·德雷克设计出一个公式，用于推测可能和我们通信的文明的数量。这个公式考虑了一系列参数，并为这些参数给出了估算值。其中包括比较容易估算的“恒星带有行星的可能性”（虽然这个数值在不同时期也有比较大的变动）；也有完全瞎猜的参数，例如“行星上演化出高智能生物的可能性”和“高智能生物能够进行通信的可能性”。

这个公式饱受争议，一系列不可靠的参数说明不了什么问题，就像一些公关公司说一年中哪天是最不幸的，或者怎么做出一个完美的三明治。但是也有观点认为该公式考虑的参数确实有一定的意义，而我个人更倾向于第一种观点。这个公式的计算结果是 20—50 000 000，更准确的区间可能是 0—1 000 000 000。这相当于说“我们也不知道”。

有 3 种理论可以解释为什么我们和外星人直到现在也没有联系：外星人不存在，外星人还没有找到我们，或者它们已经找到我们了，但没让我们发现。每种理论都有可能。可以支持生命体的地球环境确实非常特殊，有可能仅有少数星体有维持细菌生存的能力，除此以外别无其他，但也许这样的星体只在我们的星系中存在。（因为太空非常浩瀚，其他星系中也有可能充斥着各种生命体，但它们尚没有和银河系建立联系。）科学家不太相信地球是唯一支持生命的特殊星体，因为并没有什么特别的证据表明，地球具有这样的特殊性。当然，如果地球是唯一有生命的星体，那么我们必然会问“为什么是我们”。这就是所谓的“人择原理”。虽然“地球是特殊星体”并没有什么科学依据，但即便人择原理成立，也很难让我们相信地球是唯一支持高等生命的星体。

不用说整个宇宙，即便是银河系的大小也足以说明第二种理论是有可能成立的。可能星系中有许多智能生物，但因为光速不能被超越，这些生物又有那么浩瀚的空间需要探索，所以它们还没有发现我们，或者在地球有智能生物的时间段中它们都不会发现我们。毕竟，人类没有到达所有海域，而和太空相比，海洋真的太小了。可能太空中的绝大多数地方永远也不会被任何生命形式踏足。这个问题在一种情况下有可能被解决，就是有一些外星人可以建造能自我复制的飞船，这样一来，飞船的探索能力就会大大增强。

类似的星际探索无人机，就像第5章中讨论过的纳米机器人一样，可以用太空中的原材料实现自我复制。宇宙飞船可以多次自我复制，复制出来的新飞船再去探索更多星体，虽然飞船的飞行速度小于光速，但是飞船的自我复制能力让它们可以探索许多星系。而且这些无人飞船无须折返，只把信息传过去就行了，这可以减少不必要的空间旅行时间。

类似这样的飞船可能在几千年前就开始探索宇宙了，某个飞船可能已经来过地球了；但在那时候，人类还没有能力记录这次相遇。这样的飞船被称作冯·诺伊曼探测器，以提出这个想法的数学家约翰·冯·诺伊曼的名字命名。但是，能自我复制的飞船也有技术上的问题，从理论上说这些飞船应该是越简单越好，但是它们毕竟要进行空间旅行，需要有能力精炼矿石，制造精密的机械和电子设备，这一切都很复杂。我们甚至无法制造一个有能力用原材料实现自我复制的机器，更别提让这个机器摆脱地球引力在不同的星体间巡航了。这个理论也许永远都不可能实现。

最后一个理论是，也许外星人知道我们在地球上，但外星人不想让我们知道它们的存在。外星人可能掌握了隐形技术，在我们身边活动，我们却看不见它们；外星人也许有《星际迷航》中的无干扰巡航的能力（但即便如此，柯克舰长还是有能力发现这些飞船的）；或者外星人觉得我们不够友善和智能，所以它们不愿意和我们交流。就算第二种或者第三种可能存在，我们依然有机会遇见外星人。但结果很有可能像B级片描绘的或者霍金预测的那样，外星人不太友善，想把我们赶尽杀绝。当然，外星人也可能非常友善。不管怎样，现在都没有足够的证据证明任何与外星人相关的事情，所以我也不愿意多想外星人入侵地球的可能后果。

我们虽然没有证据证明外星人会像科幻作品中描述的那样从天而降探访地球，但外星人至少会给我们一些信号吧？科幻作品中确实有不少外星信号的故事。最早的相关记录来自伟大的工程师特斯拉，他一度怀疑自己发现的电磁信号是外星人发来的，虽然那些电磁信号更有可能是简单的自然现象，比如其他星体的电磁活动产生的电磁辐射。有两部科幻作品中的外星人的信号异常引人注目——一个亲切温暖，另一个则暗藏杀机。

第一部作品的作者当时是一位科学家。科学家偶尔也创作科幻作品（他们拥有扎实的科学背景以及说得过去的故事梗概），而英国天文学家弗雷德·霍伊尔创作出了不仅结构严谨而且引人入胜的故事。霍伊尔在他所在的领域算是个特立独行的人，他和几个同僚一起提出“稳态理论”，一度比大爆炸理论更受青睐，直到越来越多的天文学与物理学证据支持大爆炸理论。（霍伊尔非常顽固，指出如果稳态理论有类似大爆炸理论的观察佐证，那么证明它依然是有可能的。）霍伊尔也是最早提出泛种论假说的人之一，他认为地球上的生命源于外太空。然而，霍伊尔对近代天体物理学最重要的贡献还是他对星体和超新星元素起源的研究。

霍伊尔的大多数作品都晦涩难懂，但《仙女座》（*A for Andromeda*）是一个特例，可能是因为这部作品一开始是作为电视剧剧本创作的。这本书通俗易懂，讲的是人类严格遵循一条星际消息的指示所展开的冒险故事。在书中（电视剧里），新的射电望远镜接收到来自仙女座的信号。该复杂信号其实是计算机程序，指示人类制造出一台前所未有的计算机。这台计算机会养出怪物般的生物。一个女科学家试图阻止，但是被杀死了。在杀死女科学家的过程中，计算机似乎分析了女科学家的结构，并克隆出一个一模一样的女科学家，这就是外星人入侵的开始。

这个故事的巧妙情节之一是，把入侵的外星人塑造成一位漂亮的人类女性；除此以外，另一个精彩的构思是，这个故事巧妙地回避了星际穿越（准确地说是星系穿越）的时间问题。仙女座星系距地球 250 万光年，光需要 250 万年才能到达地球，编写计算机程序的外星人种族很可能在信号到达地球以前早就灭绝了。但是通过传递信息和制造物理实体，这些外星人完成了星系穿越，并在地球上实现了种族延续。不幸的是，对于地球人来说，这些外星人来到地球并不是为了示好。

实现超长距离的星际穿越也是第二部科幻作品中收到外星人信号的前提，虽然这次的外星人总体来说更加友善。《超时空接触》（*Contact*）最开始是科学传播者卡尔·萨根于1997年发表的小说，后来被改编为电影，由朱迪·福斯特主演。由于电影中的科学内容和对科学家的刻画，这部电影常常被视为最佳的科幻电影。外星人发来信号并不是为了入侵地球，而是为了帮助女主人公完成星际旅行。

主角埃利·爱罗维博士在波多黎各用阿雷西博射电望远镜搜寻地外文明。（有趣的是，在现实生活中，我们已经利用阿雷西博——世界上最大的单口径电波望远镜——向外发射了很多信号，希望和宇宙中的其他生物进行交流。）爱罗维接收到来自织女星的信号，织女星是我们能观察到的第五亮的星体，距离地球大约25光年。信号内容是阿道夫·希特勒在1936年柏林奥运会上的讲话，该信号被传递到织女星，又原样被传回，表示外星人了解到人类的位置和存在。

和霍伊尔的故事类似，人类后来获得了一项不可思议的技术，使主人公爱罗维到达织女星（萨根在这个作品中使用了“虫洞”的概念）。主人公的空间旅行非常短，尽管从地球观测者的角度看，那个仪器并没有把她送到任何地方，而是令她掉入一个安全网。作为观影者，我们也不知道影片中的空间旅行到底是真实发生的，还是仅存在于主人公爱罗维的想象中。

事实上，我们从来没接收到任何外星人发来的高科技指令，也没去过织女星，更没有穿越过虫洞。但是迄今为止，我们确实收到了一些来自太空的有趣信号，收到信号的过程可以称得上是现实版的“《仙女座》时刻”。

历史上的第一个外星信号是由射电天文学家安东尼·休伊什的博士生乔斯琳·贝尔于1968年7月在剑桥大学发现的。休伊什检测到了一闪而过的高频脉冲——没有信息，但却有极其精确的周期。这是外星人发给我们的信号吗？贝尔和休伊什都说他们不这么想，但他们却开玩笑般地把这个信号命名为“小绿人1号”。在20世纪60年代，小绿人是科幻作品中外星人的典型形象。贝尔和休伊什称，他们认为这不太可能是外星信号，而且他们也没有严肃地想过这会是外星信号。当时，腐朽的学术界完全否定了外星生命存在的可能性。

我在剑桥大学学习物理的时候，在射电天文实验室待过一阵。我和几个同学一起制造了一台简单的射电望远镜，这是我们的毕业设计。整个过程非常有趣，也很封闭。为了减少电台信号的干扰，天文实验室要远离市区；我们常常使用测量仪器以及和床架一样的粗线框，在野外或者冰冷的木屋里搜集输出信号。可以想象，年轻的贝尔一个人在萧瑟孤立的站点，搜集到史无前例的信号的样子。她难道真的没想过，这也许是外星人发给她的信号吗？

除了具备周期性特征外，贝尔搜集到的信号其实是有关脉冲星的最早的射电天文学证据。脉冲星是高速旋转的高密度星体，像灯塔一样向四周发射出无线电波。脉冲星发射的脉冲间隔从几秒到几千分之一秒不等，脉冲星的旋转速度也不一样。所以，人类收集到的脉冲星信号和人工信号类似。

“小绿人 1 号”很快就得到了科学的解释，但是另一个信号，也就是所谓的“WOW！”信号（1977 年检测到的一个无线电信号）却尚未得到确凿的解释。这是搜寻地外文明计划迄今为止发现的最好结果（该计划就是《超时空接触》里主人公埃利·爱罗维从事的项目）。该计划由奥兹玛计划发展而来，奥兹玛计划由弗兰克·德雷克于 1960 年设立，目的是检测鲸鱼座和波江座的信号。德雷克要解决信号搜集者面对的最大挑战，即在哪儿搜集信号和搜集什么信号。

问题是我们不应扫描每个不确定的信号，而应该着眼于其他生命体可能使用的信号，例如生命体之间交流的信号或是其试图同其他外星生命（比如我们）取得联系的信号。德雷克就是依照后一种思路，他认为由于氢原子和羟基是水的组成部分，而水又是高等外星生命所必需的，因此要特别关注对应氢原子和羟基的谱线。这其中存在逻辑错误。虽然水对于人类来说是必需的，但未必对外星生命也如此。由于德雷克着眼于某个特殊的波段，所以奥兹玛计划的重心被放在观察电磁频谱的“水坑”波段。不太走运的是，这个思路并没有取得什么进展。

搜寻地外文明计划从那时起就断断续续地推进，由于实验目的太过科幻，很多主流科学家不屑参与其中，该计划也一直没有稳定的经费来源。从20世纪70年代到20世纪90年代，该计划从美国政府，特别是美国国家航空航天局筹集到稳定的经费。但是从1995年起，政府不再出资，计划的一切进展都要依赖于私人捐赠。还是在遥远的1977年，志愿观察员杰里·埃曼用位于俄亥俄州立大学的“大耳朵”射电望远镜检测到了一些奇怪的信号，这也是该计划的唯一成果。

快速熟悉射电望远镜的使用，需要解释一大堆看起来毫无头绪的打印输出，对早年间的仪器来说更是这样。“大耳朵”会在纸上打出一长串数字和字母，以表示收到信号的强弱。信号最弱时用空格表示，接下来用数字表示逐渐增强的信号，再然后用字母。A表示强度为10—11，B是11—12，依此类推。U是当时检测到的最大强度，为30—31。通常来说，检测到的背景信号强度在空格和3之间。但是在1977年8月15日，埃曼看到一串数字在背景中异常显眼，即便对于没怎么受过训练的人来说也是这样。于是，他用红笔在信号旁边标注“WOW！”，用来凸显这段信号的与众不同。

这串信号显示为6EQUJ5，无线电波猛然上升，在峰值处达到最强。另外，这段信号的长度是72秒；由于大耳朵望远镜是固定在地面上随着地球自转扫过天空，所以依据地球自转的速率和大耳朵的观测窗口（望远镜是固定的），大耳朵对任何一个点的观测时间都是72秒。虽然不能准确地定位到某个星体，但是我们知道信号来自射手座。所有工作人员都期盼能再次检测到这个信号，但它却再也没有出现。

在这次探测之后，提出了一系列假说来解释这个信号。其中比较主流的两个理论是，信号源于地球，或者信号源于太空中某个只发生了一次的自然现象。但这个信号在搜寻地外文化计划的历史上举足轻重。“WOW！”信号在某个特殊的频率波段内和氢的谱线很相近，后续工作进一步检测了许多不同的频率波段，但都一无所获。信号搜集工作还在继续。

曾经在很长一段时间里，我们对外星生命的认知非常有限。我们认定高等生命会出现在地球附近的类地行星上，科幻作品也是这个思路。由于对“频率波段”（channels）和“运河”（canals）两个词翻译时的混淆，以及一些自欺欺人的解释，在几十年中，火星被认为存在过高等生命，但这些生物后来因环境恶化灭绝了。同时，和地球大小类似的金星也一度被认为在其厚厚的云雾下面是热带雨林。

事实上，火星人和金星人都不会探访地球。火星一度有流动的水，但并没有发现生命的迹象，或者生命存在过的迹象，甚至连微生物都没有。金星不是一个潮湿温热的天堂，而更像地狱，表面温度在460—600摄氏度。金星比离太阳最近的水星还要热，在金星表面，金属都会变成液体。

另外，虽然金星确实拥有生命存在所需要的大气层，但是金星的大气层和地球的大气层完全不同。金星大气中的二氧化碳含量极高，因此金星的大气压要远高于地球的大气压。金星上 90 倍于地球的大气压可以迅速摧毁任何发射到金星上的仪器。另外，大量的二氧化碳会产生类似温室效应的效果，因此金星表面非常热。金星上还有硫酸雨，所以金星不太可能成为生物的栖息地。

令人惊讶的是，最有可能存在生命的其实是木星的卫星。木星的位置让人们一度认为木星卫星的表面异常寒冷，不会有生命。虽然木星远离太阳，但其卫星上的海水很有可能受潮汐能影响保持为液态，而非固态。最可能支持生命的是木卫二，它的表面是光滑的冰层，冰层下面很可能是液态水；木卫三和木卫四的岩石表面下也可能有液态水。

然而，地球依然可能是宇宙中唯一存在生命的星球，科幻作品是我们和想象中的外星生命交流的主要方式，不论它们是要和我们和平共处，还是要把我们置于死地。有件事是肯定的，那就是科幻作家喜欢把人类置于绝境。

第10章

世界末日

世界末日对于现在的年轻人来说可能很难理解，但在我还年轻的时候，它好像每天都有可能发生。在20世纪70年代，我们真的以为随着“冷战”的升级，世界末日随时会伴随核弹悄然而至。我读硕士的时候，学校的上空时常会有军用飞机经过，我现在想到那些低空飞行的战斗机还会感到恐慌。核灾难带来的世界末日曾经对我们来说是真实存在的风险，而不是臆想出来的科幻场景。在之前的作品中，我引用过作家休·吉尼描述“冷战”的段落。“冷战”时期，吉尼还是个孩子，居住在纽约的法明代尔：

> （“冷战”）是我童年的背景。真实和想象的恐惧直到现在还存在于我的内心深处和每个细胞中……那时我只有7岁，记得有次遭遇空袭，我们在学校的走廊里排成一排，面对着墙壁，抱头坐下。我当时想，我那小小的脊背是炸弹的绝佳攻击目标。这是我多年以来的噩梦。

关于灾难的科幻小说有一点很有意思，这类作品往往设想地球上的生物处于危险中，这样的情节比其他大多数科幻作品更基于现实，这也是本章比较短小的原因。除了之前描述的外星人入侵以外，在普通科学技术影响下出现世界末日的可能性不太大，这让这类作品中的灾难大多是我们已经知道的那些。

距"二战"末期广岛和长崎被投掷原子弹已经过去了很多年，科幻作品中最常见的导致世界末日的机制就是原子弹大屠杀。很多科幻作品带我们体验了这其中的悲观无望，特别是在20世纪60年代，所谓的"新浪潮"科幻作者在他们的作品中描绘了生命的脆弱。也有很多作者则着重描绘了世界末日后人类重拾信心的过程。

有时候，这些想象的未来会带来各种新奇的可能性，但都不太现实。就像约翰·温德姆在1955年创作的《蛹》（*The Chrysalids*）中所刻画的那样，核辐射导致人类产生畸变——物理形变或心理扭曲。末日后的世界有可能充斥着某种浪漫主义情绪，这在小沃尔特·米勒于1959年创作的经典科幻小说《莱博维茨的赞歌》（*A Canticle for Leibowitz*）中得到了淋漓尽致的展现。在这部小说里，人类重建文明，这在很大程度上要归功于天主教教士在不知情状态下保存下来的技术。

在另一些作家的笔下，制造生物武器过程中出现的错误导致基因突变，疾病成了人类文明的终结者。或者，人类由于一些非外星人的地外因素而几乎灭绝。6 500万年前恐龙灭绝的原因是大型陨石撞击地球，其实陨石坠落、太阳的电磁脉冲、遥远的 γ 射线爆发都有可能让我们处于世界末日的险境。目前，正在发生的大灾难很有可能是气候变化。

右翼政党肯定对此持反对意见，但是对于相信科学的人们来说，气候变化基本上是我们人类正在面临的最大威胁。在早期的科幻作品中，气候灾难往往和冰河世纪的再次到来有关，这种场景出现在灾难电影《后天》中。众所周知，我们人类曾经几次濒临灭绝就是由于冰川覆盖了大陆，冰河世纪的再次到来会使我们又一次面临生存的危机，不论是自然地进入之前的冰河世纪（我们现在刚好处于间冰期的气候变暖过程中），抑或是核冬天。但现在，我们更多的担忧源自全球变暖。

如今，以气候变化为主题的小说不一而足，特别是针对青少年读者群的作品，这些作品被归为一个科幻作品的子类——气候变化小说。气象学家发出的警告鞭策着我们的行动。以海平面上升为例，如果整个格陵兰冰盖都融化了，那么海平面将会上升 23 英尺，对类似纽约这样的靠近海岸线的城市将造成灾难性影响。如果整个南极冰盖也逐渐融化（虽然不太可能），那么海平面将会上升 200 英尺，而且这是大海风平浪静时的数据。

这样的气候变化对农业和水资源的利用都有极大的影响。同时，类似孟加拉国这样的拥有大片低洼地的国家将会被水淹没，其他地方则会持续干旱。虽然气候变化不会带来太多的阅读快感，但它确实是灾难小说的常见主题。

上述灾难是我们现在生活方式的结果。只有少数科幻作品会将世界末日描述为由现代科技以外的原因所引起。也许地球会被智能机器统治，就像我们将在本书第17章中看到的那样。但是，更有可能给人类生存带来极大威胁的技术是纳米技术。在第5章里，我们讨论了纳米机器人横行导致的灾难，极小的机器人可以合成（或拆解）分子，制造新物质。正因如此，它们也可以毁掉一切。

在科幻作品的影响下，纳米技术也许是另一种导致世界末日的方式。我在青年小说《异种风暴：上升》（*Xenostorm: Rising*）中写到，一小群人在身体中培育出能让他们永生的纳米机器人。他们一直在尝试用体内的纳米机器人繁殖，让自身成为一个高度整合的系统，即"有意识的蜂巢体"，从而获得像超人那样的能力。这本书的主人公戴维成功地实现了这一目标，变成了"憎恶"。

"憎恶"完全由纳米机器人组成，戴维的血肉之躯已经被纳米机器人吃掉了。"憎恶"可以整合其他的纳米机器人，组成一个新的个体。戴维身上有意识的纳米机器人流散到世界各地，无处不在。这让世界上所有人都可以永生，但这也让"憎恶"有能力整合所有人，形成一个超级个体。

我在这本书中试图回答两个问题：如果纳米技术会导致世界末日，人类会怎么样？如果所有人在车祸和谋杀以外的情况下都不会死，又会怎么样？殊途同归，世界末日仍会来临。主人公戴维必须决定他是不是有权力把不死的生命强加给世界。随着科幻作品中的纳米技术层出不穷，我们会看到越来越多的可能性。

最后一种可能终结人类文明的方式便是人类继续保持现有的生活方式，随之引起的气候变化将可能带来灾难性的影响。也有人说，保持现有这种放任自由的个人主义会把人类置于拒绝合作的危险境地，即表面上歌颂人性的真善美（想想谷歌曾经的企业格言——“不作恶”），实际上是在真金白银和大股东利益的驱动下置他人的利益于不顾。

这一章从“冷战”时期的核阴影开始。20 世纪六七十年代，整个世界充斥着各种反核游行。这些示威者不仅反对核战争，也反对核电站。这也许是因为核电站最初是核弹项目的附属品，抑或是因为三里岛和切尔诺贝利灾难带来的恐惧。环保组织反对一切核能，即便核电站是一种可行的对气候变化几乎没有影响的发电方式。寻求新能源已经变成了现代生活的重要部分，这种需求也早就见诸科幻作品之中了。

第 11 章

神秘能量

和很多人一样，我对能源生产并没有什么直接的经验。我从没去过发电厂，也没有仔细思考过电源插座里的电到底是从哪里来的。从广义的角度说，我确实比较认真地思考过化石燃料对全球气候变暖的影响，以及绿色新能源一类的问题。我的内心深处还有年轻时从科幻作品中获得的对未来的遐想，我总觉得随着时间的流逝，能源会越来越便宜，来源会越来越稳定。艾萨克·阿西莫夫提出了可以随身携带的核桃大小的核能发电器这个想法，他也憧憬过未来世界的能源都像太阳光一样便宜和便捷。在那个年代的科幻作品中，从来不觉得能源的来源（或者能源生产对环境的影响）会成为问题。

也许科幻作品中的情节和现实生活的最大区别就在于对待能源的态度。如果我们真如科幻作品中那样拥有取之不尽且（几乎是）免费的能源，那么整个世界会大不同。太空漫游将变得简单，水资源短缺和干旱也不再是问题，因为这些需要耗费大量能量的活动可以无须顾忌能源危机。尤其是漫画类科幻作品，它们经常在能源问题上不够严谨。随便翻开一本超级英雄漫画，你就会发现无数的问题，因为它们无视最基本的能量守恒定律。早期的通俗科幻作品也没有好到哪里去，因为它们认为能量用之不竭。

即便是我们的老朋友赫伯特·乔治·威尔斯也违背过最经典的物理定律之一——热力学第一定律。在他的作品《登月第一人》(*First Men in the Moon*)中，神奇能源“卡沃尔”是一种可以抵消重力影响的人工物质，能让宇宙飞船从地球上飞起来。抵消重力影响的难度暂且不谈，这种物质若真的存在，太空漫游就会变得轻而易举，因为通过合理利用这种物质，我们可以无限生产免费的能源。比如，威尔斯笔下的卡沃尔先生只需要把水车的每个刮板下面都涂上这种物质，就能造出一台生产能量的机器——永动机。刮板上有卡沃尔涂料的一边将会抵消掉重力，没有卡沃尔涂料的另一边则会受到重力作用，并将势能转化为动能，从而使刮板不停地运动下去。

在早期的科幻作品中，反重力的概念常常出现。那时的科幻作家根本没有深思熟虑过反重力的能量从哪儿来，但是这个概念确实满足了一些人的梦想——浮在空中。不是像鸟那样飞翔，不是像鹰那样滑翔，不是像我们在第7章里讨论的在动力装置作用下浮在空中，而是简单地悬在空中，好像重力不存在。这纯粹是披着科幻外衣的幻想。科学里与之最接近的是悬浮，就是用电磁力抵消掉重力。

与磁体互斥的超导体已经很好地证明了悬浮的可行性，在超导体上方的磁体会神奇地浮在空气中。运用这个原理，超导磁体让磁悬浮列车浮在铁轨之上。日本铁路公司的磁悬浮列车 MLX–01 和铁轨之间有很小的间隙，极大地减少了阻力，因此该列车的最快速度可以达到每小时 361 英里。强大的磁体甚至能让一只青蛙毫发无损地浮起来，青蛙体内的水分子像内置磁场一样，和青蛙体外的磁场相互排斥，这种排斥力足以抵消掉青蛙的重力，让青蛙悬浮在空中。但是，这些反重力现象都是基于外部的电磁场，反重力无法自控。

和青蛙实验略有不同，还有一种实现反重力的可能。某个装置在地表或者其下方的空气中形成强烈的磁场，使装置浮起来。这需要装置内部有一个非常强大的能量源（也可能会对装置下方的环境产生灾难性影响）。但这样的反重力装置不太可能实现，显然它无法成为一个无限能量源，相反它还会消耗巨大的能量。在 20 世纪 70 年代末，随着广义相对论被人们理解，人们更深刻地认识到重力的本质，科幻作品也放弃了反重力装置。像超人那样在空中飘浮变成了纯粹的幻想。

在真实的物理世界里，绝大多数地球上的能量都来源于太阳。太阳让地球有合适的温度和四季变迁；海水受热蒸发，凝结成雨水落到山顶等高处，水便有了势能，水的势能可以被运用在水坝和水车上。太阳能也可以被间接地转化为化学能，化学能通过光合作用被储存在植物里，植物被动物吃掉后，部分化学能留在动物的肌肉中。燃烧会更直接简单地释放化学能，并产生热量。

早期的科幻作家已经意识到科幻作品中常见的高耗能设备需要传统太阳能以外的能量。擅长创作太空歌剧的高产作家爱德华·埃尔默·史密斯从1915年开始写作。他后期的作品《透镜人》系列算是我接触到的最早的经典通俗科幻小说，在这套作品中随处可见神秘的能量源。在史密斯的早期作品《宇宙云雀号》系列中，宇宙飞船由神奇的“金属X”产生的“原子能”驱动，这完全是披着科学外衣的魔术。

另外一个神秘能量源的例子是由英国作家爱德华·鲍沃尔·李敦创作的“维利”。李敦最广为人知的要数一个被用烂的小说开场白［这句话也在《花生漫画》（*Peanuts*）里被史努比反复使用，是个经典的“包袱”］：“在一个月黑风高的晚上”。在不太知名的作品《未来种族》（*The Coming Race*）中，李敦描绘了一种类似电的物质，它是由能量使者维护的“大气磁”。这部作品更像托尔金式的史诗，而不是科幻小说。“维利”虽然没有什么事实依据，但却广为人知，当时的许多产品都以此命名，就像后来出现的放射性元素“镭”一样。如果某个产品有“维利”，这个产品好像就能让消费者身轻如燕、活力四射。在英国，今天仍有一种热饮里面的牛肉产品添加剂叫作“波维利”，很少有消费者（主要是年长的消费者）会意识到他们正在购买充满活力的维多利亚时代的梦想。

没过多久，科幻小说家们就纷纷效仿赫伯特·乔治·威尔斯的小说《解放全世界》，用核能这个既强大又危险的能源作为他们作品中的神秘能量源。在《太空商人》出版的20世纪50年代，科幻作家们狂热地追捧所有可以被贴上“核子”标签的事物。对于“二战”后期原子弹名噪一时、核能开始被用来发电的年代，这股风潮也在意料之中。“核子”这个词随处可见，甚至是快餐厅的风味炸薯条也被冠以“核子”的名称，显得辛辣爽口、振奋人心。不论是电影《它们！》里巨大的蚂蚁，还是《蜘蛛侠》里因为辐射而变异的蜘蛛，核辐射总是被描绘为邪恶、怪异和奇妙的改变手段。

基于政治和恐惧（还有超级英雄并非真实存在）的种种原因，真实的核世界是另一番景象，但是我们已经距离运用核聚变产生能量的方式不远了，并且我们一直在用放疗的方法治疗癌症。我们或许不会像奇爱博士那样深爱核弹，但我们确实在和核能和平共处，虽然这种和平是很脆弱的。2011年，海啸引发福岛核电站的灾难之后，德国宣布不再使用核能。德国几乎面临与日本相似的自然环境，虽然核电站的灾难并未致人死亡，但德国还是放弃了不会产生温室气体的核能。

虽然核能可能永远不会像其他传统能源那么便宜，但发达国家现在并不缺少能源。除了减少污染，我们还面临着一个非常严峻的问题，就是如何把能量输送出去，这也是一个在许多科幻作品里都被敷衍了事的问题。现在常用的是高压交流能量输送方式，也可以用高压直流能量输送方式。高压直流在长距离运输大量能源的过程中，能量损耗比较少。但是无论怎样我们都不会使用科幻作品的最爱——无线能量输送方式。

诚然，无线能量输送是完全可行的，这是我们人类生存至今的原因。毕竟，在本章开头我就提到了，归根结底，地球上的所有能量都直接或间接地来自太阳（还有月球重力作用产生的潮汐能，以及地球内部产生的地热能）。广袤的宇宙空间是不允许架设电线的。我们从太阳那里以光的形式获得能量，每个光子都是微小的能量包，而太阳有足够多的光子能量包。

太阳的辐射功率大约是 4×10^{26} 瓦，其中只有 8.9×10^{16} 瓦可以到达地球。到达地球的能量是太阳总能量的一小部分，但这已经是全球总功耗的 5 000 倍。这个数字相当惊人，但是除非我们拥有一个恒星的能量，否则光不是一个高效传播能量的方法。在实验室的优化环境下，特殊的太阳能电池可以实现 25%—45% 的能量转换率（即便如此，超过一半的能量也被浪费了）；传统太阳能电池的能量转换率大约是 10%—20%，而薄膜电池的能量转换率只有大约 5%。相比之下，我们现在常用的电线传输方式的能量转换率大约是 93%—95%。

光作为能量传输方式的另一个潜在问题是，如果把大量能量转换成光束（不管是可见光还是其他波段的光，比如微波），都会对任何误入其中的生物造成潜在危害。光不能随随便便地在空中传播，因为光里蕴含的巨大能量可能毁坏任何被它击中的物体，所以光必须借助一些保护装置才能传播，这些不便和潜在的耗材成本让现有的能量传播方式再一次胜出。

曾经有一些发明家设计出无线能量转换器，比如尼古拉·特斯拉。特斯拉制造了能量传输实验装置“沃登克里弗塔”。在不是特别理解电磁波本质的情况下，特斯拉认为可以通过驻波的方式在地球表面传输能量，这是一种在空气中产生类似于电磁回路的装置。特斯拉的设计需要大量的能量，确实可以在远处产生电流，但这个现象其实就是电磁感应，和我们生活中用到的电力变压器的原理无异。

在电线中，变化的电流产生磁场，磁场又会在另一根电线中产生电流。特斯拉幻想中的能量转换是实现任意距离的无损能量传输，而现实中的电磁感应会随着距离的增加而迅速减弱，所以电磁感应不适合用来传输能量。更糟糕的是，电磁感应没有选择性，也就是说，在能量传输的过程中，附近所有的电线和金属导体都会产生电流，不管你想要不想要。我们可以做个简单的实验来证明这一点。如果把荧光灯管的一端靠近架空的高压电线，一端接地，那么荧光灯管在没有接电线的情况下也会发光，这是因为荧光灯管两端的电压不同。但是，类似的效应在实际的能量传输过程中并没有什么作用。

在能量传输领域有一种能量源比核能还要强，或者更准确地说是能量储存原理，那就是反物质。它也是《星际迷航》中“企业”号的燃料。虽然反物质引擎听上去非常富有科幻色彩，

《星际迷航》中的反物质原理也纯属虚构，但反物质是真实存在的。反物质是由携带和普通粒子相反电荷的反粒子构成的，而普通物质是由普通粒子构成的。

举例说明，普通电子携带一个负电荷，与之对应的反物质——反电子（常被称为正电子）则携带一个正电荷。因为携带相反的电荷，粒子与反粒子相互吸引，导致二者毁灭，粒子的质量完全转变为能量。虽然粒子本身质量很小，但是爱因斯坦的质能方程式（$E=mc^2$）告诉我们，每个粒子产生的能量都等于粒子质量乘以光速的平方。这可不是个小数字。

1 千克（大概 2.2 磅）的物质和反物质碰撞毁灭产生的能量，相当于核电站 10 年的产能。反物质是宇宙飞船绝佳的能量来源，但应该强调的是，反物质并不像一些人想的那样是“清洁能源”，因为产生反物质需要消耗的能量比反物质自身产生的能量还要大，而且肯定是由不那么“清洁”的方式产生的。反物质本身不过是一种节省空间的储能方式，如果你想建造一艘经典的科幻宇宙飞船，它还是有用的。想想 1 千克传统燃料能提供多少能量，我们就会知道反物质作为储能方式真的特别节省空间。

汽油和天然气作为我们日常生活中最常见的能源，都是十分高效的储能方式。1 千克汽油大约能产生 15 倍于同等重量的 TNT 炸药产生的能量（TNT 炸药看起来蕴含更多能量的唯一原因是 TNT 燃烧速度极快，会导致爆炸）。此外，汽油比现有的最好的电池的储能能力强100倍。天然气比液态汽油在储能方面的能力更强，每单位质量的天然气蕴含1.3倍于汽油的能量，但是天然气的存储体积更大。

宇宙飞船自然不是靠汽油驱动。阿波罗系列飞船使用氢作为能源，氢的储能效率是天然气的2.6倍，是已知的最佳储能物质。未来可能会出现核裂变引擎，理论上对于同等质量的物质，核裂变储存的能量相当于汽油的200万倍。如果核聚变可以被利用，就是600万倍。由此可见反物质的储能效率有多高：每磅（或者千克）反物质可以提供20亿倍于相同质量汽油的能量。

这个数字确实非常惊人，但是反物质并不会很快出现在日常生活中。宇宙飞船至少需要几吨这种反物质才能完成有意义的星际旅行。制造反物质虽然可行，但技术上很难实现。就像美国作家丹·布朗的小说《天使与魔鬼》中提到的那样，反物质由进行大型强子对撞机实验的欧洲核子研究组织的实验室生产出来，但反物质和对撞机是两个完全不一样的实验（这是丹·布朗书中唯一和事实相符的论述），且反物质的生产速度非常慢。现在，全世界每年的反物质总产量低于百万分之一克，所以用反物质做飞船的燃料还不现实。

我在《最后的疆界》（*Final Frontier*）一书中提到，人类正殚精竭虑试图提高飞船的燃料使用效率。现在火箭普遍使用的氢气或氧气燃料的效率已经高于汽油，但仍然比不上核能，二者之间存在百万量级的差别。如果要探索太阳系，核能至关重要。我们可以把核潜艇上使用的核反应堆和一个向后喷射带电粒子的电动离子推进器结合起来，作为宇宙飞船的动力源，但这样的能量源还不足以支持人类探索其他恒星。

最佳的核利用方案可能是核聚变，它也是太阳和氢弹的能量源。但是，如何利用核聚变作为推进力仍是一个问题。在20世纪40年代曾出现过一个天真但其实还算合理的解决方法，就是把一系列小的核弹从飞船后部放出，这需要在飞船的后部装上用于防护的“推板”。“推板”是一块由涂料保护的弯曲的钢板，这块钢板需要吸收核弹爆炸产生的冲击波，并推动飞船前进。如果核弹足够小，爆炸距离足够远，飞船就会在结构不受损的情况下前进；冲击波吸收系统确保每次推进不会产生太大的加速度，飞船里的宇航员也就不会有生命危险。

1958—1965年，这个由核能推进的飞船被纳入“猎户座计划”。苏联成功发射第一颗人造卫星后，美国深感震惊和不安，于是“猎户座计划”被提上议事日程。“猎户座计划”的目的是使美国在航天领域超越苏联，使人类在1966年登上火星。（那样的话，科幻情节就成真了。）美国国家航空航天局因技术和理念超前而闻名于世，但是“猎户座计划”实在太超前了，相比之下，航天局的其他设想都黯然失色。迄今为止，宇宙飞船最大的负载是100吨，而“猎户座计划”的目标是负载1万吨。

“猎户座计划”不仅计划让飞船负载上万吨，还计划装载

150人，其目的是建造复杂的空间站，到其他星球开辟殖民地。在试验性核爆炸仍被禁止的今天，“猎户座计划”的确异乎寻常。在“猎户座计划”中，核爆炸不仅会被用来在太空中推进火箭，也要在地面推进火箭升空。虽然“猎户座计划”不能实现在情理之中，但是用弧形金属板吸收核爆炸冲击波的概念确实得到了测试。这个概念在20世纪70年代的“代达罗斯计划”中再次被提及。“代达罗斯计划”的设计更现代：核爆炸只发生在火箭入轨之后，从而有效地避免了在地球表面发生核爆炸，而且产生爆炸用的是核聚变，而不是核裂变。核聚变除了能提供更多的能量外，另一个优势是没有最小的临界质量。这样一来，飞船就可以通过发射一系列更小的核弹——每秒250个——来提供能量。对于一个需要自带燃料的飞船来说，这意味着它的大小可以被控制在合理的范围内。

“代达罗斯计划”只是由梦想家设计的思想实验而已，该计划的终极目标是航天器用50年左右的时间飞抵最近的巴纳德星（那时候人们以为巴纳德星是一个类似太阳系的恒星系统，后来证明并不是这样）。50年的飞行时间相较6光年的距离来说不算长。从那时候开始，为了使人类的星际旅行成为可能，许多提升飞船速度的技术应运而生，其中包括提升加速度的太阳能帆和被称为“质量驱动器”的电磁弹射器。但是，不管如何优化飞船的引擎，速度总有一个上限——光速。

假设飞船的速度可以无限接近光速，那么根据狭义相对论，地球上的人需要花好几十年完成的星际旅行对于飞船中的宇航员来说只有一两年。这样的话，从时间角度说，星际旅行完全可行。事实上，飞船的速度越接近光速，其所需的能量就越大。即使使用最先进的技术，也只能让物体的运动速度达到光速的10%—20%。如果宇航员要在一生中实现在某个星体和地球间的往返，那么这个宇航员必须处于“假死”的休眠状态，但是假死本身也有问题。所以，让我们先回到科幻小说，看看超光速引擎。

超光速是科幻作品中典型的缺少解释的桥段，好像一切都是理所应当的。为了顺利地展开情节，科幻作家们用幻想来克服难以逾越的技术难关，但其在现实生活中并没有解决方案。比如，科幻作品运用类似“超空间”的概念来实现超光速，但这个概念在真实的物理世界中并没有对应物。这个词比科幻小说诞生得还早，首次出现在1867年的一篇数学论文中，用来描述超过三维的多维空间。在20世纪30年代，约翰·坎贝尔等早期通俗科幻作家把这个词用来解决星际穿越的难题。用超空间实现瞬间移动迅速被科幻作家使用并推广，读者对此也习以为常，在不理解原理的情况下认为这是可行的。广义地说，超空间的意思就是这个世界上存在三维以外的维度，是生活在三维空间里的我们没有直接体验过的维度。在真实世界中，弦理论中的九维空间也提到了这个特殊的物理概念。但这并不能把现实世界和科幻作品联系在一起，如果现实中真的存在多维空间，那么这些空间应该会以比较小的形态出现，我们也会观察到这些空间。

这使得弦理论不足以作为超空间的理论基础，因为超空间旅行需要多维空间以某种方式为我们的世界提供一个快捷通道，这个快捷通道可以通过弯曲的时空将两点相连。小型的扭曲时空是不能实现这一点的。科幻作品中常见的超光速用到了一些真实的物理概念，比如《超时空接触》中的虫洞（爱因斯坦–罗森桥），但它也是有问题的。虫洞只是一个理论概念，是广义相对论提出的宇宙中由扭曲时空产生的连接两个不同时空的狭窄隧道，要在现实世界中使用这个技术难度极大。

虽然虫洞这个概念非常吸引人，但没有人真正见过它。我们不知道怎么建造一个虫洞，也不知道如何把虫洞置于正确的地方。开启虫洞的唯一方法是使用负能量。诚然，负能量是存在的，但其规模微乎其微，几乎不能被有效地利用。如果负能量可以被操控使用，那么它完全可以应用于比虫洞更切实际的主题。比如，《星际迷航》中“企业”号飞船上装载的引擎——曲速引擎。这并不是某个科幻作家凭空想象出来的概念，它的原创者是美国国家航空航天局。

以上言论需要更多的解释和延展。美国国家航空航天局的大多数人对曲速引擎持怀疑态度，但是美国国家航空航天局总是鼓励员工追求卓越、不断创新。他们的员工哈罗德·怀特就是一位创新奇才。怀特提议，可以设计出“扭曲时空”来推进火箭。这个概念的原创者是曾经效力于威尔士大学卡迪夫学院的墨西哥理论物理学家米格尔·阿尔库别雷。

曲速引擎可以收缩飞船前面的时空，延展飞船后面的时空。飞船本身不动，飞船周围的时空则在不断变化。这个概念的优势之一是，“超光速不可能实现”只是针对空间内的运动物体，时空本身膨胀或收缩的速度可以更快。事实上，探索宇宙本源的经典的宇宙大爆炸理论的前提是，宇宙膨胀的速度远大于光速。阿尔库别雷于1994年提出的原始概念也有可行性的问题，而且这个问题从来没有得到很好的解决，特别是能量需求的问题。最开始的想法是，曲速引擎由规模巨大的反物质驱动。后来，怀特的创新让能耗在理论上降至只需不到1吨的反物质。

即便有了怀特的创新方案，曲速引擎也需要消耗大量能量：不仅是能量，还有负能量。现实中，我们完全有可能永远也制造不出曲速引擎。虽然有很多和怀特一样热情饱满的科研人员，但是100年以内我们基本不太可能实现它。那么，我们有没有可能把“企业”号飞船其他的知名功能变成现实呢？比如，一台瞬间传送器？

第12章

瞬间移动

如果你是在《星际迷航》里首次接触到“瞬间移动”的概念——电影里斯科特先生经常使用这个技能［相似的场景也出现在《惊爆银河系》（*Galaxy Quest*）里］，那么你也许会想，不用走路或者飞行就能从一个地方来到另一个地方，这简直太方便了。但是，对于我这种看20世纪50年代低成本B级片长大的人来说，这是个可怕的概念。我看过文森特·普赖斯发现他的哥哥和苍蝇合为一体（虽然这有悖物理事实）时烦躁（或者发疯）的那一幕。直到现在，一想起青少年时期熬夜偷看电视中播放的电影《变蝇人》（*The Fly*）中可怕的半人半蝇的形象，我依然不能安心地和一只大苍蝇共处一室。毋庸置疑，这部电影中的场景确实有点儿假，但它对于当时的青年人的影响力是巨大的，那个时代还没有计算机合成图像。

在现实世界中，真正的“瞬间移动”并不是疯狂的科学家或者性格阴郁的苏格兰星舰工程师能实现的，它出自杰出的美国作家、研究员查尔斯·福特的想象。福特以研究和书写奇闻逸事为生。20 世纪初，福特积累了大量的奇异事件的“证据”。福特的名字和奇闻逸事紧紧联系到了一起，以至于后来难以解释的现象被称为“福特现象”。

在福特 1931 年创作的科幻小说《看！》（*Lo!*）中，“瞬间移动”这个词首次出现。福特写道：“我所谓的‘瞬间移动’有时需要‘中介物质’，有时则不需要……当我看到一群回巢的鸽子或者候鸟时，我会想到一个更能表达我的想法的词：瞬间移动的或者准瞬间移动的。”福特认为，仅凭意念就可以实现两地之间物质的移动。这个概念也许更适合出现在中世纪的故事里，不具备任何科学基础，魔术师在瞬间实现了物体的转移。

福特之所以创造瞬间移动这个概念，主要是想解释历史中曾出现的一些怪异现象，比如石头雨、青蛙雨、鱼雨和其他奇怪的雨，这也是反常现象研究小组热衷的主题之一。福特相信，瞬间移动可以分为两种，一种基于电场，暴风雨在其中起到重要作用；另一种是基于某种未知的场，这可以解释在天空厚重的云层中出现的物体，或者突然出现在房子里的物体。以上解释也许听起来有些科学道理，但是福特的想法只不过是打着科学幌子的魔术。

说起来可能不那么浪漫，但许多媒体报道的超自然现象都不是真的，它们大部分是有规律可循的自然天气现象。众所周知，台风会让物体悬浮于空中。同理，喀拉喀托火山活动时喷射出的火山岩可能会散落在世界各处。举个更实际的例子，沙漠中的沙子可能会随着大气环流移动数千英里，变成私家车上的灰尘，或者散落在某个室外活动空间。我们不需要超自然的“瞬间移动”，大自然就是最好的搬运工。

很多人对著名的“玛丽·西莱斯特”号（Mary Celeste）的故事着迷不已。“玛丽·西莱斯特”号是一艘装载着工业酒精的英国商船，原定航程是从纽约前往意大利的热那亚。然而，在1872年12月5日，“玛丽·西莱斯特”号被加拿大商船“德·格瑞第亚”号上的船员们发现，当时它依然航行在大西洋上，但船上的8名船员和乘客以及一艘救生艇都不见了。当时海上风平浪静，船上有充足的食物，没有被海盗抢掠的痕迹，而且船处于适航状态。

就像夏洛克·福尔摩斯常面对的密室杀人场景一样，“玛丽·西莱斯特”号的故事非常引人入胜，在没有明显原因的情况下，船上的人就这样无声无息地消失了，“玛丽·西莱斯特”号之谜因此成为很多科幻故事的素材。当时的一些细节表明确实有些奇怪的事情发生。在1 701桶工业酒精中，有9桶空了；航海罗盘被毁了，钟表也停止了；3个泵中有2个被拆了；非常重要的导航设备以及航海日志也都不翼而飞。

有传言说，“玛丽·西莱斯特”号上的船员们被魔法或者机械力量瞬间移动到了其他地方，这个想法吸引了福特的注意力，但它并不符合我们既有的物理知识。当然，从理论上说，把这些船员“瞬间移动”到其他地方是可行的。与此同时，还有很多其他务实的、不那么玄幻的解释。比如，船员们被抓到了另一艘船上，或者由于船上发生某种危机，他们失足落水。所以，除非有非常强有力的证据证明，否则瞬间移动的说法在这起事故中是站不住脚的，可惜这些证据并不存在。

对于上述解释的通常反应是，船员为什么会这么做。但是船上也有一些相关线索，比如坏掉的泵和 9 桶消失的工业酒精。即便是毫无线索，比起无法解释船员为何做出某种选择，瞬间移动也更难解释。拒绝接受“人类的正常解释”是没有道理的。作者柯南 · 道尔也许让福尔摩斯在否定了“绝不可能”的情况下，做出了“不太可能”的解释，但是对于“玛丽 · 西莱斯特”号事件，确实还有许多可能存在的解释。巧合的是，柯南 · 道尔是第一个错误拼写“玛丽 · 西莱斯特”号的人，他在短篇小说《哈巴库克 · 杰弗森的证词》（*J. Habakuk Jephson's Statement*）中将其误写成“Marie Celeste”。

福特不太常用到“奥卡姆剃刀”理论。这个理论是由中世纪哲学家奥卡姆提出的，它的意思是不需要增加不必要的解释或行为。在当时，这个理论被描述为“如无必要，勿增实体”。这个理论也可以用来解释“玛丽 · 西莱斯特”号事件，即我们完全可以采用朴实的解释（同时不违反物理定律），除非我们有特别的原因不这样做。换句话说，不寻常的理论需要不寻常的证据来支持。如果你非要坚持某个不同寻常的理论，那么最好有确凿的证据——这个证据绝不是道听途说的故事或者异想天开的理论。

《变蝇人》于1958年上映，影片中展示了瞬间移动的另一种可能——神秘力量被更加务实的科学所取代。电影中并没有用到“意念”的概念，而是利用了一种科学概念的实际应用——“物质传送”。在20世纪60年代的小说中，这种科幻技术一度被叫作“传送物”。长盛不衰的科幻电视剧《神秘博士》中多次使用了这个名字，但是除此以外，这个技术并没有太多机会在其他的科幻作品中大放异彩。

在20世纪50年代，“物质传送”并不是一个特别流行的概念，反倒是“电波”在科幻作品中十分常见，这个词的意思是信息通过无形的电磁波迅速在两点间传播。在量子力学中，粒子可以像波那样运动。这一切让当时的科幻作家认为，合适的科技可以把物质转换为波，如果波能在两地间瞬时传送，物质也可以在目的地由波重建出来。

那时候的科幻作品很好地利用了这个强大的概念，提出了一系列“如果……会怎样”的问题。在《变蝇人》中，主角弗朗索瓦（故事的发生地位于加拿大的法语区蒙特利尔，所以男主角有个法语名字）发现他的嫂子用液压仪把他的哥哥安德烈杀死了。事情是这样的：安德烈制造了一个物质传送机，并用自己做实验。安德烈不幸和一只苍蝇同时进入了物质传送机，结果变成了一个顶着苍蝇脑袋的人，他的妻子埃莱娜惊恐万分，情急之下将其杀死。后来，一个顶着人头的苍蝇撞到了蜘蛛网上。

平心而论，以上“如果……会怎样”的问题不太符合逻辑（毕竟，这是20世纪50年代的好莱坞影片）。如果那台机器能把人和苍蝇合二为一，它也能把人和空气合为一体，但这种情况对于惊悚片而言效果可能并不尽如人意。即便那台机器确实能把人和苍蝇合为一体，我们也无法解释为什么苍蝇的头会像人的头那么大，而人的头却莫名其妙地缩小了。同理，我们也无法解释影片中人和苍蝇互换大小的腿。另外，精确地互换头和腿，而并不影响其他身体部位也让人匪夷所思，原子互换应该随机地发生在身体的各个部位才对。

科幻作家很快发现了另一种值得探索的可能性，即《星际迷航》中的传送机。该传送机并没有类似“接收器”的装置，也和《变蝇人》中的机器截然不同。如果空间旅行者被传送到了实体物质中，结果就会异常惨烈。在一些科幻作家的笔下，这会导致一场大爆炸，另一些作家则只是简单地把人和已经存在的场景融合在一起。但不管怎样，结果都很惨。事实上，包括《变蝇人》在内的所有科幻作品的传送装置都忽略了一个非常重要的问题：传送的介质不是真空，而是空气。

空间旅行者被物质化的过程中，空气会发生什么变化？空气会和人混在一起，杀死旅行者吗？或者空气也会瞬间移动，产生强有力的冲击波？最简单的解释是，传送机会把两处空间中的所有东西都互换，所以两处空间里都会出现一些意料之外的物品。

归根结底，科幻作品中的物质传送机面临的最大问题是，瞬间移动到底是如何实现的。我们将会谈到，在量子物理中，瞬间移动粒子是可行的，粒子在某处消失，同时在另一处出现。但是，像这样的真正的瞬间移动并不包括物体的转移。被移动物体不会转变成非实体的波，穿过空间，并在另一处出现。相反，出现在目的地的物体是和原物体一模一样的副本，原物体则被销毁。整个过程中传递的只是信息，这完全避免了被移动到错误地点的灾难。瞬间移动其实是在目的地重新组装物体，而不是真正地转移物体。

即使科幻作品中的物质传送机完全失败，也可以在现实中用量子力学理论实现复制。这个例子出现在优秀的恐怖片《惊爆银河系》中。一群演员拍摄了类似《星际迷航》的片子，却被外星人误当作真实的纪录片加以研究。外星人真的重建了纪录片里的银河系飞船“保卫者”号，并劫持了那些演员，让他们驾驶飞船。扮演首席工程师的演员在首次操作飞船时犯了错误，结果惨不忍睹。虽然《星际迷航》里的传送机需要斯科特先生手动操作，这确实让人不可思议，但更大的问题是如何成功重组原版。

原因在于，虽然可以瞬间移动量子粒子乃至病毒大小的物质，但瞬间移动大物件确实不太可行。如果要利用量子传送机，那么这个机器首先得扫描原物体的每个粒子，再在目的地按原物体重建副本。如果人类包含 10^{28} 个原子，全部扫描确实需要大量的时间。假定一秒钟可以扫描10亿个原子，大概也需要100万亿年才能全部扫描完。就算这一切可以实现，也不是瞬间移动。

即便可以克服时间的障碍，并事无巨细地扫描身体的每个原子，我们中的大多数人在选择瞬间移动之前还是会深思熟虑，以免发生《变蝇人》中的惨剧。传送机会摧毁你的身体，并在另一个位置重建一个你出来。重建的副本和你本人完全一样——身体构造一样，思想一样，记忆一样——但这是你吗？可能其他人会觉得这就是你，你自己也是这么认为的吗？事实上，你已经不存在了。

量子传送机不能完全再现科幻电影《致命魔术》的情节，该电影改编自曾经是军人的科幻作家克里斯托弗·普里斯特的同名小说。电影中，主角魔术师展示了从密闭的水箱中逃脱的完美幻象。事实上，他成功完成这个魔术的前提是他在水箱中真的溺毙了。他确实无法从水箱中逃脱，但是他绝妙地利用了尼古拉·特斯拉（是的，这个人又出现了）的发明，重新构建了一个一模一样的自己。在剧院的房顶，我们看到了装着死去魔术师尸体的水箱。整个故事情节确实扣人心弦，但绝不可能成真。

量子传送利用了量子力学的特殊性质，巧妙地回避了量子不可克隆定理，即不可能完美复制一个量子并且不对原始量子产生影响。所以，《致命魔术》中的情节是不现实的（谢天谢地）。让瞬间移动变得可行的方法是一个被视为物理学中最奇怪的概念“量子纠缠”。理论上，如果你把一对处于纠缠状态的量子分别放在宇宙两端，那么只要改变其中一个的状态，另一个的状态也会瞬间改变。

乍看上去，量子纠缠的概念可能会让即时通信成为可能，甚至可以克服无法超过光速的限制。即便无法建造出即时通信的仪器，量子纠缠依然可以被用来设计不可破解的密码和制造量子计算机。在量子计算机中，每个比特都是一个量子，量子计算机可以完成穷尽现今所有计算机的使用寿命也无法完成的计算。

量子计算机可能需要以量子传送作为前提，量子传送可以在不影响量子状态的前提下从计算机中获得信息。不管量子传送会不会被用来制造物质传送机，它都会被直接应用于量子计算机的制造。虽然量子计算机的制造还处于初级阶段，但它毋庸置疑有无限的发展潜力。

在科幻文学中，物质传送机和瞬间移动都不仅限于量子计算机，而是在长距离传送中大放异彩，甚至是星际间的传送。相较而言，在科幻电影中，传送机往往只需要完成从卫星到行星表面的传送，因为故事一般都发生在绕行星飞行的飞船上。下一章我们要讨论一种特殊的旅行，这个旅行比《星际迷航》里传送机 25—40 000 公里（16—25 000 英里）的工作距离长多了，但在太空探索这个背景下，仍然只能算是在自家院子里遛弯。这就是 38 万公里（23 万英里）的登月之旅。

第13章

登上月球

我在青少年时期最难忘的一个经历就是熬夜看阿波罗 11 号飞船登月的电视直播（这是我生平第一次熬夜，一整个晚上都没有睡觉）。1969 年的那个夜晚我直到现在依然记忆犹新。我那时真的以为自己在有生之年也有机会登上月球。虽然宇航员这个职业非常有吸引力，但我认为很多人像我一样，既没有能力也没有勇气赌上自己的生命完成如此危险的使命。我当时坚定地相信，在我 50 多岁的时候（也就是我写这本书的年纪），登月旅行将会像 20 世纪 60 年代乘坐飞机横跨大西洋一样平常。虽然不是所有人都有机会尝试，但是登月旅行应该会变成面向大众的安全的度假之旅。

现在来看，我那时的想法真是太天真了。1969 年，我读了不少科幻小说，并认为月球上的基地和城市在人类第一次登月后肯定会逐渐建立起来。为什么不呢？这看上去完全符合逻辑。当时想想人类过去 8 年在航空航天方面取得的巨大成就，我就觉得登月旅行用不了太长时间也会实现。1961 年 4 月 12 日，苏联宇航员尤里·加加林成为第一个进入太空的人；1969年，人类成功登月。（虽然我不记得当时加加林的具体任务，但我记得自己和奶奶一起去院子里试图观察在轨道上运行的史波尼克1号。）

进展真的太快了，所以当时我总是设想照这样发展下去，40年或者50年后这个世界会变成什么样。但事实和我的想象大相径庭。整个阿波罗计划最终只进行了6次载人登月便永远地停止了，在那之后的几十年里，人类再没有登月。虽然月球上有许多无人探测器，但并没有月球城市，也没有我期待已久的登月旅行。

对于人类登月这件事来说，现实和科幻作品的进度相去甚远，其中的一个原因是受到登月飞船的限制。当然，科幻作品中有各种各样的宇宙飞船，以至于很多不太了解科幻作品的人会想当然地以为，只要是科幻作品，里面就肯定有宇宙飞船。事实上，许多科幻作品中都没有宇宙飞船，它们描绘的只是人类与科技的互动。我在《最后的疆界》里面讨论过有关空间旅行的大量细节，所以在本书中不再赘述，只对登月旅行做一些简单的讨论。

在科幻作家们意识到月球事实上是一个星体而不仅仅是夜空中的光亮之后，登月探索便成了他们的创作素材。早期的科幻小说描写的登月探索情节非常离奇。毕竟，那时候的科幻作家根本无法想象地球和月球的距离到底有多远，所以他们都想当然地以为，登月和横跨大洋的旅行所需的时间差不多。基于类似的原因，那时候他们也默认，在月球表面和登月的过程里，空气不成问题。对于登月旅行的最早文学描述可以追溯到 19 个世纪以前的琉善——一个生活在叙利亚用希腊语写作的罗马讽刺作家。

在他的作品中，琉善并没有像现代科幻小说那样回答“如果……会怎样”的问题。相反，琉善沿袭了《奥德赛》不着痕迹的讽刺风格，融合了历史事实和寓言。公元 2 世纪琉善创作的游历月球的奇幻作品《信史》（*True History*）与哈佛大学讽刺文社创作的《戒指倦了》（*Bored of the Rings*）颇为相似，后者讽刺了托尔金的《魔戒》。除了针砭时弊的辛辣讽刺，琉善的作品中还有许多科幻作品的要素。故事开篇是琉善在海边探险，后来琉善和他的随从被狂风吹到空中，7 天之后他们落在月球上。

之后，月亮王和太阳王为争夺金星的殖民权大打出手，琉善和他的随从也被卷入了这场战争。虽然以狂风作为交通工具登月不切实际，但这部作品对未来的科幻作品有不少指导意义。《信史》出版之后的 1 500 年间，并没有出现很多的登月主题的科幻作品。直到 17 世纪，一些科幻作品依然使用类似狂风的不切实际的交通工具实现登月。但在此之后，科幻作家对移居到其他星球有了更多奇怪的想法。

在文学作品里把人类送上月球的人还有来自赫里福德的英国主教弗朗西斯·戈德温。他在 17 世纪 20 年代创作了《月中人》(*The Man in the Moone*),但这本书在他1638年去世后才出版。有趣的是,几乎与此同时,伽利略由于支持"日心说"而陷入麻烦。1616年,伽利略被要求放弃日心说,作为交换条件他可以完成他的著作《关于托勒密和哥白尼两大世界体系的对话》。伽利略于1633年被关进宗教裁判所,除了因为他不放弃日心说以外,主要原因是他把亚里士多德(也是教会)的观点纳入他的著作,借思想守旧的辛普利丘含沙射影地讽刺教皇。

在伽利略由于日心说饱受折磨的时候,戈德温正在创作一本反对亚里士多德的宇宙学的著作。在亚里士多德的学说中,月球是水晶球体,表面非常光滑。戈德温为了撇清自己和这本书的关系,谎称这本书是根据西班牙人多明戈·冈萨雷斯的叙述写成的(也许戈德温认为,外国人可以逃避罪责)。他书中的月球不是光滑的球体,而是和地球类似,有人居住,其暗处是海洋。戈德温并没有试图给出一个令人信服的登月方式,而是想象人们借助冈萨斯(一种每年从地球向月球迁徙的天鹅)去往月球。另外,戈德温(更精确地说是口述者冈萨雷斯)科学地阐述了一个人在远离地球后会变得越来越轻。

如果说用候鸟作为去往月球的交通工具有些不切实际,那么开普勒出版于1634年的《梦》(*Somnium*)中的情节简直就是天方夜谭。开普勒笔下的主人公走过没有具体形态的黑暗之桥到达月球,在月食的时候,月球上的恶魔也是通过这座桥到达地球。除了这座桥,开普勒还想象出许多在月球上生活的有趣经历。开普勒可能是第一个描写在月球上观察地球情节的人：月球视角的地球和地球视角的月球类似，都是又大又亮的星体。另外，开普勒意识到高海拔的大气非常稀薄。在他笔下，为了实现在太空中的自由呼吸，空间旅行者需要把湿海绵塞进鼻孔里。

令人惊讶的是，在那个时代，登月旅行的科学方式并不是来自开普勒等自然哲学家，而是来自于剧作家西拉诺·德·贝热拉克（他可能是从戈德温著作的法语译本中得到了灵感）。我们总以为西拉诺是19世纪法国作家埃德蒙·罗斯丹剧作中的主角，尽管这个19世纪的作品纯属虚构，但西拉诺·德·贝热拉克其实是个真实存在的17世纪的剧作家。

在西拉诺·德·贝热拉克的第一人称小说《另一个世界》中，第一次登月尝试存在科学上的缺陷。他提出，太阳可以让露水消失，从物体表面"吸走露水"。于是，他推测，把一个装有露水的瓶子用一根绳子系在宇航员身上，就可以让宇航员飘起来。因为太阳会吸走露水，同时吸走绑在主人公（也就是西拉诺本人）身上的瓶子，主人公也会飘浮起来。虽然这个方法完全不符合科学常识，但它比开普勒在书中描述的魔法更科学。

因为这个方法不如想象中那么奏效，所以一群士兵在西拉诺身上绑上火药，用火药的能量把西拉诺送上太空。诚然，西拉诺能想出这个比天鹅更科学的登月方式有些运气的成分，但他确实想到了一种技术上可行的登月方式。西拉诺似乎是提出用火箭作为动力把人送上太空的第一人。

在接下来的几个世纪中，许多故事都把月球作为一个与现实社会分离的背景，以展示新的可能的社会秩序（或者反讽当时的社会状态，琉善绝非唯一一个利用登月旅行讽刺现实社会的人）。但这类作品从奇幻变为科幻无疑要归功于两大科幻巨匠——儒勒·凡尔纳和赫伯特·乔治·威尔斯。在本书的开始，我提到这两位作家都没有在他们的作品中运用现实的科学原理。但他们的贡献在于，将相关主题带至主流小说领域。

要相信威尔斯想象的反重力物质——卡沃尔确实存在，我们就首先要消除怀疑。威尔斯臆想了这种物质，但他至少运用了一定的科学原理，使其变得合理。然而，凡尔纳的《从地球到月球》虽然披着合理的科学外衣，但细节却违背了基本的物理原理。在这本书中，由于战争物资短缺，巴尔的摩枪械俱乐部的成员在百无聊赖中决定制造一门超级大炮，并称之为“哥伦比亚迪”。这门超级大炮火力巨大，可以把人发射到月球上。这个虚构出来的长达 274 米（900 英尺）的庞然大物建于佛罗里达州风景宜人的卡纳维拉尔角。

如果按照凡尔纳的设想进行月球探索，结果必然失败。我们确实有足够的理由不用大炮把人发射到月球上去，比如大炮必须非常巨大（19 世纪的技术肯定不行），而且被发射的人肯定会一命呜呼。火箭会持续地消耗燃料，直到燃料用尽。而大炮只能在发射物还处于炮筒内部时对其施加作用力，当发射物脱离炮口后，在重力和空气阻力的作用下，只会越飞越慢。发射物必须超过第一宇宙速度——每秒 11.2 千米（每秒 7 英里），才能摆脱地心引力。

这个速度意味着发射物在炮筒中被高压气体推进的短暂时间内，必须承受巨大的加速度。炮筒越短，加速度越大。就算哥伦比亚迪大炮有 1 万米（6.2 英里）长——40 倍于凡尔纳的设想，宇航员仍需要承受相当于 600 倍的重力的加速度。毋庸置疑，大炮里的人肯定会丧命。

20 世纪，登月旅行成为电影创作的题材。这是有原因的。登月本身在技术上很难实现，单纯地描绘登月过程中遇到的困难就足以拍摄一部电影，而这样的情节在纸面上不足以得到展现。相较于电影，小说需要更多内容。对于几分钟长的默片，登月本身这个情节就足够引人入胜了（到达月球之后邂逅月球人更是锦上添花）。但是，“人类从地球到达月球”则不足以支撑一部小说。

第一部描绘登月的电影改编自凡尔纳的一部小说，电影时长 21 分钟，当时的动画片一般只有 2—5 分钟。这部电影由乔治·梅里爱执导，于 1902 年上映，名字叫作“月球旅行记”。电影集中运用了凡尔纳小说里的幽默元素，比如太空舱击中月亮的眼睛，以及一群载歌载舞的美女将太空舱推入大炮（毕竟，导演兼编剧梅里爱是个风趣浪漫的法国人）。但无论如何，这部电影都是登月科幻史上的里程碑式作品。

如果暂且不谈传统的奇幻作品中人们在梦中或者乘坐巨大的肥皂泡到达月球的情景，那么电影上真正的突破来自德国，它也是现实世界中空间旅行技术的发源地。1929年，德国导演弗里茨·朗拍摄了电影《月中女》。这部电影的技术顾问是火箭技术先驱赫尔曼·奥伯特，他也是传奇人物冯·布劳恩的导师。虽然这部电影的情节并不那么出彩，但它提到了分级火箭，和40年后用来实现人类漫游太空的火箭非常相似。

在电影《月中女》中，不仅火箭的模型非常逼真，而且还首次介绍了真实世界火箭发射的标志性特征，包括后来的阿波罗计划。拍摄时弗里茨导演认为火箭升空的情景不够刺激，他希望观影者也能感到紧张和充满期待。于是，在火箭发射之前，他设计了倒计时的情节。随后"倒计时"迅速被其他科幻作品采用，并出现在真实的太空探索中。

在早期所有科幻作品和现实的联系中，登月似乎是最紧密的一个。就像布劳恩为纳粹轰炸英格兰设计的V–2导弹推动了后来美国国家航空航天局的一系列太空活动乃至登月，德国电影《月中女》也催生了美国第一部描绘登月的电影——由乔治·帕尔执导的《登陆月球》(*Destination Moon*)。火箭专家奥伯特再一次扮演了电影技术顾问的角色。这部电影中的宇宙飞船更大了，就像一个现代版的V–2导弹，并且取消了早期电影中多级火箭的设定。它的编剧是后来成为美国最著名的科幻小说家之一的罗伯特·海因莱因。

现在想要观看《登陆月球》并非易事，这部电影没有被很好地保存下来。电影希望表达出登月计划的每个细节，导致整个故事略显枯燥，但也正因为如此，比较这部电影和真实的登月流程变得有趣。《登陆月球》中的飞船对4个宇航员来说非常宽敞，但最显著的不同则在于电影中的宇航员像轰炸机飞行员一样驾驶飞船，拥有完全的控制权，而非像现实中那样由地面控制。倒计时（是的，这部影片中也有这个情节）由其中一个宇航员掌握，而不是在地面上的某个人。电影中的人们对于生命保障系统非常有信心，因为宇航员在飞船里穿着的是连体工作服，而不是真实的宇航员穿的有头盔的太空服。

虽然由航空专家担任技术顾问，但《登陆月球》中依然存在几个明显的技术问题。最主要的问题是飞船的外观，比起真实的火箭，电影中的飞船更像那个时候科幻杂志封面上的模型。电影中的飞船没有火箭离开地球时所必需的分级；不分级的火箭摆脱地球引力需要大量的燃料，储存这些燃料需要巨大的燃料舱，这些燃料舱本身又非常重。在20世纪20年代，火箭分级被公认为真正的飞船所必需的要素之一，而奥伯特并没有发现这个缺陷，就像他在早期监制的电影中做的那样，也许是他向该电影的艺术部门的人妥协所致吧。另外，电影中的飞船以尾部着陆的方式降落在月球上，尾部着陆既增加了技术难度，又浪费燃料。也许是为了在特效上节省开支，返回地球的场景并没有在电影中出现，这让作为观众的我们不禁思考“这是结局……还是开始”的问题。

电影中的另外一个重要问题就是其中的一些宇航员缺乏基本的职业素养，这一点也让人匪夷所思。我们总是想当然地认为宇航员都是训练有素的飞行员或者科学家。但在《登陆月球》中，其中的一位宇航员就像伽利略在其书中的辛普利丘一样，总是问一些愚蠢的问题。这位船员为身体感到的加速度而吃惊，也不理解“失重”的概念，虽然这个角色的存在让观众有机会听到这些概念的科学解释。还是那句话，这些宇航员更像“二战”时期的轰炸机飞行员，而非现代宇航员。

人类已实现登月，但是从科幻作品的角度来说，实现登月只是更广阔的太空探险的开始。早期登月之旅的重点大多放在登月的过程，以及宇航员和奇异的月球人之间的互动上，后期的科幻作品则着眼于人类栖居月球的可行性，不仅关注登月过程，而且涵盖登月后建立月球基地，以及随后在月球基地上长期生活等。这些作品必须首先阐明人类为什么要移居月球。诚然，移居月球不可能像在地球上生活那样简单，但是月球的移居者却努力在这个奇怪又美好的新家园生活下去。交代这个背景往往会让科幻作品的立意更加深刻，月球因此成为许多科幻小说的故事背景。

移居月球被看作未来的趋势，至少那时候的科幻作家是这么想的。首先，尝试性的登月探索会渐渐变成经常性的对月球的探索和开发，就像我们一个世纪以来在地球上的拓荒活动一样。进而，科幻作家把月球设定为人类的殖民地，想象出了一系列可能性。就像艾萨克·阿西莫夫借用英国历史学家爱德华·吉本创作的《罗马帝国衰亡史》作为其《基地三部曲》系列的范本一样，许多科幻作家也认为人类登月就像欧洲人登陆美洲大陆一样。月球殖民地最开始受到来自地球的奴隶主们的剥削，然后月球殖民地的人们为了获得独立和地球的军队战斗，最后月球人拥有了对月球的独立管辖权和一个美好的未来！

从1931年到今天，类似的主题反复在科幻作品中出现，其中最经典的作品是罗伯特·海因莱因于1966年创作的《怒月》（*The Moon Is a Harsh Mistress*）。作为世界知名的科幻作家之一，海因莱因笔下的月球和地球截然不同：月球上很艰苦，但充满希望和开发的潜力，地球上则充斥着冷漠的利己主义。

海因莱因的故事和18世纪70年代发生在美国殖民地的独立战争有一个显著的不同：月球殖民地会直接威胁到地球人的生存。月球殖民地有类似于电磁弹射的装置，可以把载满稀有矿物质的金属容器从月球弹入太空，进而把矿物质运回地球。这些容器一旦直接落入人类聚居的城市，将比核爆炸具有更强的杀伤力。虽然地球人有强大的军事力量，但月球人最终凭借自己的智慧和得天独厚的引力井赢得了战争。

除了把月球变成殖民地，海因莱因的这本书还提到了一种有自我意识的计算机。名叫“麦可”的月球网络系统在拥有了意识之后，成为领导殖民地革命的主要力量，但后来从地球发射到月球的炸弹炸毁了它的电力系统。在这部作品里高科技和过时的细节混杂在一起，叛军居然通过电话和麦可交流，这也是科幻作品试图刻画未来世界时经常会遇到的一个典型难题。海因莱因还在书中写下了麦可的电话号码，这个号码也许在美国确实能拨通。而当时读这本书的我是一个居住在英国的青年，在好奇心的驱使下，我拨打了这个号码，令我吃惊的是，只拨出开头的999（在英国，999相当于急救号码）就已经接通了紧急服务热线。

回到现实世界，阿波罗计划的最后一次任务是阿波罗17号于1972年12月11日登陆月球，40多年后我写下了这本书。不像广为人知的阿姆斯特朗和奥尔德林，现在很少有人记得尤金·塞尔南和哈里森·施莱特，这两个最后在月球上行走过的人。从那以后，人类向月球发射过许多无人探测器，但再也没有人登上过月球。既然没有更进一步的登月探索，移居月球也就无从谈起了，更不用说利用月球作为探索太阳系的第一步。所以，我们曾经构思的科幻情节到底哪里出了问题呢？

通常会被科幻小说忽视的一个原因是，长期在经济上支持这项计划是非常困难的。短期内取得巨大成就的阿波罗计划其实是个政治目标——美国要在苏联之前实现登月，从而扭转美国在航天技术上的落后局面。但是在阿波罗计划成功之后，继续在登月项目上投资的政治目的就不那么明确了。在实现移居月球之前，先要筹集大量的资金用于建造简易的临时住所。所以，让科幻梦想变成现实的前提条件是政治野心和商业逻辑。

由于现在的国际局势缺少载人登月的政治需求，所以商业逻辑就成了人类是否要再次登月的决定因素。商业逻辑表现在两个方面。第一，月球移居者必须有在基地上自给自足的能力。一开始可能做不到，但长期目标肯定如此。人数众多的月球移居者不可能仅靠着地球的支持过活。第二，基地必须有经济活动。也就是说，仅仅自给自足是不够的，月球上的移居者需要向地球出口物品，以换取月球上不能生产的物品。

正因如此，一方面，月球可以说是既富有又贫穷。月球最缺乏的资源就是可以维系地球生命的空气。对于现在的科技水平而言，把 1 磅物品送上围绕地球的运行轨道大概需要 1 万美元。把这个价格乘以 10，大概可以估算出把 1 磅物品送上月球的价格。另一方面，月球有制造水泥、玻璃和氧气的充足原料。所以，如果月球上有合适的设备——一开始肯定是花大价钱从地球运过去的，那么建造殖民地所需的大部分原材料都可以在月球上生产，但不是全部。

一种月球显然缺乏的必需品就是水。我们都知道，月球表面的暗斑一度被认为是海水，就像它们看上去的那样。阿波罗 11 号着陆于“静海”。这些暗色区域其实是凝固了的广袤的古代岩浆。月球表面严酷的环境让任何处于月球表面的液态水都会快速气化，消失在真空中。也许月球表面的低温可以让水保持冰冻状态，但是冰冻的前提是这些固态水不会直接接受太阳光的照射。另外，虽然我们经常说到“月之暗面”，但事实上月球是没有真正意义上的暗面的。整个月球表面都会接受太阳的照射。

有些证据表明，月球表面看起来是深坑的地方可能潜藏着固态水，一系列实验结果也都显示出水存在的特征。但是，月球上到底有没有水依然不确定，即便有水存在，可以利用的水可能也不足以支撑人类聚居。这肯定是个大问题。即便最大限度地循环利用，水肯定也会被渐渐耗尽。在科幻作品的描绘中，月球上的移居者虔诚地利用每滴水，基本上像对待金子一样对待水。事实上，这些水远比金子宝贵。如果从地球上输出供所有月球移居者日用、耕作的水，必然造成巨大的经济负担。

最好的情况可能就是找到一个有许多固态水的彗星，并把这个彗星带到月球表面。这个方法听起来在技术上非常难以实现，其实它和在月球上建立聚居区的难度不相上下。我们已经实现过在彗星上作业，美国国家航空航天局也预估过捕获小行星并把它送入月球轨道的可行性。向月球聚居区送水可以利用类似的方法。

月球表面的另一种非常稀缺的物质是氮气。月球移居者需要氮气，因为我们需要把它和我们带上来的氧气混合，以产生我们平时呼吸所需的空气。另外，氮气对于农业也非常重要。作为空气的主要成分，氮气在地球上十分常见，但在月球上却非常稀少。同样稀少的还有植物生长必需的碳元素。因此，就像水一样，把这些资源运送到月球上是非常困难的。

月球的经济效益在于，月球上有些珍稀的资源可以被开发，比如氦–3，这种惰性气体的同位素在地球上非常稀少。它是核聚变反应堆的重要原料。另外，月球表面有大量直接受太阳光照射的地区，如果把这些能量汇聚起来并加以利用，将成为新型的太阳能。但其技术难度高，成本效益低。

有人说，能征服月球并在月球上定居的人都是有开创精神的人。所以，月球上的居民将通过出售他们的精神资本、销售理念和心理辅导为生。这或许有一定道理，但是很难预见这群特殊的月球人会有足够强的创新性和足够高的效率，来支持他们在月球上生活的庞大开支。而且，在遥远孤独的月球上生存需要一定的冒险精神，在月球上成功经营商业所需的开创精神并不等于在那里生活所需的冒险精神。我们可以想象一下微软和苹果公司的那些极客，他们吃比萨、喝咖啡就能快乐地熬通宵干活，但这些人绝不是探险家。

不论我们多么想让科幻作品中的场景变成现实——我个人也有这样的期待，但移居月球都不是一个经济的策略。人类必然会在月球上有更多的探索和发现，但上文中我们的那些美好设想更有可能在其他对人类更具有长远意义的星球上实现，比如火星，而不是月球。把月球看作潜在的聚居区，就如同把撒哈拉大沙漠或者死谷看作潜在的聚居区一样，设想在上面建立城市简直就是天方夜谭。相比之下，月球更加荒凉，也更加不适合人类生存，而且生存成本更高。移居月球也许是个很吸引人的想法，但实现起来很难。

当我们有能力登上比月球更远的星球时，我们将面临一个新问题：宇航员和地球的距离更远了。宇航员和地球的距离越远，无线电信号传输所需的时间就越长。无线电信号需要 4 分钟才能从火星到达地球，需要 4 年才能从最近的恒星到达地球，这意味着更进一步的太空探索需要更先进的通信技术。

第 14 章

即时通信

作为一个科普作家，我常被问到是如何进入这一行的。科普兼顾科学和科幻，从科幻的角度看，它能给科学带来灵感。科幻作家詹姆斯·布莱什提出的“狄拉克发射机”激发了人们对物理研究的好奇心，这个仪器可以实现即时通信。即时通信在文学作品、电视剧、电影中经常出现，因为要管理一个大型的星际帝国或联邦，即时通信不可或缺。但让我感兴趣的不是这个技术在政治管理上的应用，不是它背后的科学解释，也不是它的即时性，而是信息比光的传播速度还要快所带来的出人意料的结果。

“情理之中，意料之外”是所有小说的核心要素，这当然也让科幻作品更加引人入胜。如果所有的情节都在意料之中，那么结局肯定无聊至极。对我来说，科普最有趣的部分就是量子理论、相对论、无穷大和时间旅行。在我演讲时，总有观众提出这些方面的问题。它们往往能给观众带来“情理之中，意料之外”的认识，这恰恰也是狄拉克发射机一开始吸引我的原因。

当然，科幻作品中的通信技术不总是包含类似即时通信的科技巨变。《星际迷航》刚上映时，那里面的通信仪器看起来棒极了——不论你身处何地，口袋大小的通信仪器可以让你和任何人通话。而当时真实物理世界中的人们几乎不可能即时联系。除非你知道某个人的具体位置，不然你没法给他打电话，那时候只有固定电话。如果你约某个人见面，又临时有事走不开，你是没办法第一时间通知对方的。那时候也没有能分享图片的社交网站和可以一起发表评论的弹幕网站。（所以那时候也挺好的。）

虽然现在比《星际迷航》中的时间设定早了 250 年，但是不仅电影中的通信设备成了现实，而且我们还有所超越。（原始版本的时间设定是 23 世纪 60 年代，即电影首映的 300 年后。）《星际迷航》前几部非常善于预测即将面世的产品。此外，想想船员们随身携带的那些笨重的电子仪器，还有斯波克先生经常使用的笨重的存储设备，我们现在的平板电脑可方便多了。柯克舰长只能和特定的船员打电话（而且还得花费大量时间调整信号控制器），而我们现在可以用智能手机、电脑及各种信息设备和世界上的任何人通话。通信设备并不仅限于交流，对于现在的智能手机来说，打电话只是最基本的功能之一。

影片中通信设备的设计和现实版本如出一辙，只不过现实版本的功能更强大。用翻盖保护设备的想法首先在固定电话上实现，然后又出现了翻盖手机。我不得不承认，第一次拥有一部翻盖式红色固定电话时我欣喜若狂，就像《星际迷航》的情节发生在我家一样，即便电话翻盖时并没有影片中的“嘟”的一声。现在，翻盖设计基本已退出历史舞台了。

从现在的角度预测未来是非常困难的，上面说的手机就是一个很好的例子，这也是科幻作品不等同于未来学的一个原因。在20世纪60年代，对讲机是唯一一种便携式通信设备，它没有屏幕，也不能实现多方交流，除了不能拨号之外和电话没什么区别。所以，即便设计得再前卫，科幻作品的想象还是跳不出这个原型。

电影里的通信设备利用原始的电波原理仅能在有限的范围内使用，这样的通信设备能有多强大呢？在20世纪初，这样的设计无疑非常耀眼，那时候大家总想着用无线电做各种事情。如果一个东西能够实现远程交互，它就会显得独树一帜。但是，这些科幻作品都是基于当时的科技水平上的。摆在现代科幻作家面前的一个更有意思的挑战则是星际通信。

每当作家把主角放在宇宙深处或者银河系之外，有点儿科学背景的人都会意识到一个问题。信息的最快传播速度是光速，它可能是调制激光器发出的可见光，也可能是低频无线电波，但其上限必然是每秒18.6万英里。光从不懈怠或偷懒，但广阔的星际空间使基于光的交流产生了问题。光需要4年才能从地球到达离太阳最近的星体——比邻星，因此单向的信息传播需要4年，双向传播则需要8年。而从我们的星系到最近的仙女座星系，单向的信息传播需要 250 万年。

如果想让故事的逻辑合理，科幻作家就需要想出办法绕过光速的限制，即通过一些还没有实现的技术或利用比较模糊的物理概念，让信息在任意距离间实现即时（或者近似即时）传送。因此，《星际迷航》用所谓的“亚空间通信”的概念，实现了任意舰船之间的交流。它的机理从未被明确阐述，似乎相当于某种平行空间——在真实空间里相距甚远的两点在平行空间里的距离可能非常近。亚空间里充满着连接宇宙不同位置的虫洞矩阵，虽然这个概念非常好用，但却不能用已知的物理理论进行解释。

其实，费尽心思地为即时通信设计出“亚空间”这个概念，这在科幻作品中已经难能可贵了，特别是跟那些天马行空的电视剧和电影相比。很多作品都想当然地假定，人们可以在任意的地方用无线电进行通信。然而，有两个作家为合理地实现即时通信颇费心思，一个是在本章开始提到的提出狄拉克发射机的詹姆斯·布莱什，我们接下来还会提到他，另一个是提出安塞波的厄休拉·勒吉恩。

勒吉恩是 20 世纪 70 年代红极一时的科幻作家，她理应得到更多的认可，因为即便在今天，她的故事看起来依然逻辑顺畅、合情合理。“安塞波”是一种超光速通信设备，勒吉恩提出的这个概念基于“同时性”，它可以把独立的宇宙模块——所有的时空——联系起来。过去、现在、未来都是四维模块，我们感受到的随时间而发生的变化都是幻觉。

勒吉恩也指出，安塞波的一端必须是质量非常小的物体，这反映出通信是借由引力实现的（但她没有意识到，按照经典的相对论，引力最快只能以光速传播）。安塞波只能发送简单的文字信息，类似手机短信的前身，但把它和一个真实世界的物体进行类比并没有什么意义，因为这个仪器背后缺少必要的逻辑支撑。“安塞波”的概念被其他一些科幻作家借用，但他们都没有真正地理解这个概念，他们以为安塞波就是某种曲速引擎或者时间机器。

詹姆斯·布莱什的狄拉克发射机首次出现在他于 1954 年发表的短篇小说《嘟》（*Beep*）中，但对狄拉克发射机最好的描述出现在布莱什的中篇小说《时间的梅花阵》（*The Quincunx of Time*）里。（“梅花阵”原本是一种西方人发明的园艺设计方式，在矩形的 4 个角种上 4 棵树，在矩形的正中间种上第 5 棵树。但是，除了喜欢它的发音以外，并不清楚布莱什为什么用它做标题。）

狄拉克发射机背后虽然没有很多的科学支撑，但布莱什试图比较详尽地解释这其中的机理。在 20 世纪四五十年代，正电子经常在科学新闻里出现，所以这个概念也出现在艾萨克·阿西莫夫笔下的机器人和布莱什提出的狄拉克发射机中。英国物理学家保罗·狄拉克首先提出正电子的概念，这是他成功结合量子理论和狭义相对论提出狄拉克方程式的附属物。这个方程式解释了电子在相对论速度下的表现，但它也有一个令人挠头的缺陷。

狄拉克提出存在两种电子，一种携带正能量，另一种携带负能量。这个概念在当时无异于天方夜谭，并没有太多的实际意义。狄拉克意识到，这个负能量电子也许就是“反物质电子”，和经典的正能量电子一样，它携带的是相反的电荷。布莱什进一步延伸这个概念，认为包括所有的电子和正电子在内（在布莱什的书出版之时，正电子的存在已经被实验证实），任何粒子都有一个对应的反物质粒子，并且它们之间有牢不可破的联系。如果你改变一个粒子的轨迹，另一个粒子的轨迹也会因此改变。

如果布莱什的设想止步于此，那么确实可以设计出《星际迷航》里的“亚空间通信”设备，但也仅此而已。事实上，他进一步思考了超光速通信可能带来的后果。他深知狭义相对论里关于超光速通信会产生的各种奇怪的效应。如果可以即时传送信息，就可能出现信息在被发出之前已被接收的情况。因此，把信息传回过去变成了可能。这是一个匪夷所思的断言，所以我们有必要解释一下为什么会这样。解决这个矛盾的最简单的办法分为两步，但这确实有可能，前提是我们必须有一个即时通信器。

1905年，爱因斯坦提出狭义相对论，狭义相对论结合了运动的基本规律和关于光本身的超前理解。在此之前，苏格兰物理学家詹姆斯·克拉克·麦克斯韦提出，光是电和磁的相互作用。一个运动的电荷会产生磁，同时一个运动的磁体会产生电。变化的电场会产生变化的磁场，变化的磁场又会产生变化的电场，循环往复。整个电磁场理论是一套非常自洽的理论。

电场和磁场的相互转换过程只在一定速度的前提下才有可能成立，这个速度经过计算就是光速，这也证明了“光是一种电磁波”的结论。爱因斯坦用一个思想实验进一步探索了这个概念。他假设自己同一束阳光一起穿过太空。（据说这个实验是在一个公园的草坪上完成的。爱因斯坦懒洋洋地躺在草坪上，阳光洒向他的眼睛。）当时还年轻的爱因斯坦想，如果他和阳光同速运动，那么以他的视角来看，太阳光是静止的。于是，问题出现了。

如果光不是以光速运动，它就不存在了。电场和磁场相互转换的过程在其他的速度下都不成立，只在光速下成立。光速在真空中是每秒 299 792 458 米，也就是每秒 18 600 英里。（度量值如此精准是因为，米的定义是光一秒走过距离的 1/299 792 458）。所以爱因斯坦不能和阳光一起运动，因为如果阳光不运动，它就不存在了。更重要的是，在这个假设的世界中，任何物质一旦以任何速度开始运动，它周围的光都将不复存在。这是通过相对论计算出来的，但它不是爱因斯坦的“拓展”版，而是伽利略的“原始”版。

在伽利略的相对论中，两个物体互相靠近的速度可以相加。

比如，两辆车做相向运动，每辆车的速度都是每小时 50 英里，那么从一辆车的角度看另一辆车，速度都是每小时 100 英里，也就是两辆车的速度之和。同样，如果两辆车以相同的速度同向运动，那么从一辆车的角度看，另一辆车是静止的。如果两辆车沿同一路径做同向运动，人可以轻松地从一辆车迈到另一辆车上去。

依照伽利略的相对论，在一个运动的人眼里，光速要么加快、要么减慢，这取决于观察者的运动方向。但是，爱因斯坦意识到这是不对的。光和其他所有东西都不同。不管我们以什么速度向着光或者背着光运动，光速在真空中都是每秒 299 792 458 米。在分析光的运动时，相对论需要做出修改才能解释光的特殊本质。当爱因斯坦为合理地处理光速问题进行计算时，他发现了一些奇怪的物理现象。这里让我们最感兴趣的一个例子就是，在高速运动的宇宙飞船上时间会过得比较慢。

我们通常认为相对论非常复杂，解释它的方程式肯定也繁复无比。对于广义相对论来说确实如此，特别是计算重力的公式，就连爱因斯坦也需要数学家的帮助。但是，狭义相对论的计算公式则非常简单。如果宇宙飞船上的时间为 t，那么地球上的时间就是 $t/(1-v^2/c^2)^{½}$（v 是飞船的速度，c 是光速）。飞船的速度越快，公式中的分母就越接近于零，地球经过的时间就越接近于无穷大。这至多是高中数学的运算水平。

我们甚至不需要计算就能知道光的运动对时间可能造成的

影响，一个简单的思想实验可以让一切清晰明了。假想一艘宇宙飞船正高速飞离地球，现在发挥想象力（在思想实验中，我们需要想象力的参与），我们可以从地球上看到飞船内部。飞船里有一个与众不同的钟表，这个钟表由两面镜子构成，一面镜子在飞船的天花板上，另一面镜子在飞船的地板上。光束在两面镜子间来回反射，每反射一次，钟表的秒针就往前走一格。事实上，匀速运动的光就是钟表的计量单位。

现在，让我们想象飞船正在以极快的速度远离地球。假设在我们从地球上开始观察飞船内部的那一刻，光刚好从天花板上的那面镜子折射下来。在光到达地板上的镜子的过程中，飞船仍在向前运动。所以，从地球的角度观察，光并不是像在飞船内的人观察到的那样做垂直运动，而是走了一条更长的斜线：光反射的方向和飞船运动方向的矢量叠加。

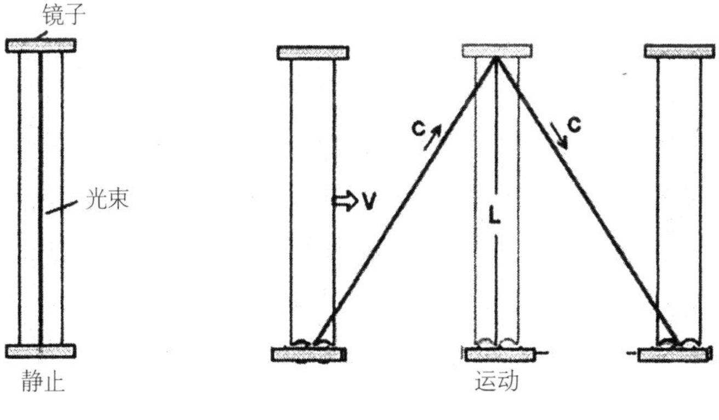

基础几何学告诉我们，从地球角度观察到的光反射斜线比从飞船内部观察到的光线距离更长。如果光的运动遵循伽利略

的相对论——比如，我们观察的是飞船内从天花板射到地板上的一枚子弹——这一切就不是问题了，我们把子弹的速度和飞船的速度加起来即可。从地球的角度观察，子弹的运动速度是飞船内子弹的运动速度和飞船速度的加总。子弹看起来飞得更快了，这可以解释为什么从地球的角度看子弹飞过的距离更远。但是，光和子弹是不同的。

根据爱因斯坦的理论，光速是恒定的，不管光周围的环境如何。所以对飞船上的人和地球上的人来说，两面镜子之间的光速是相同的。但对于地球上的人来说，光的运动距离更长。那么，肯定有某个因素对飞船和地球来说是不一样的，那就是时间。飞船上的时间必须变得更慢，只有这样，从地球的角度观察，光的运动距离才能比在飞船上观察到的距离长。

飞船飞行的时间越长，飞船和地球的时间差就越大。如今离地球最远并依然和地球保持通信的飞船是旅行者1号，旅行者1号的飞行速度远不及光速，但是它的飞行时间已经足够长，所以这艘飞船和地球有了1.1秒的时差。故事讲到现在，一切都在情理之中。现在让我们再往思想实验中加一些东西，假设飞船上有一台安塞波或狄拉克发射器，这意味着我们可以即时将信号发送给飞船。由于从地球的角度看，这艘飞船上的时间比我们的时间慢一点儿，所以它会在我们发送信息之前就接收到信息，时间就这样倒流了。

从飞船上的人的角度看，他们也会觉得地球上的时间比飞船上的时间慢。所以，如果他们用即时通信的方式往地球发送信息，信息也会在被发出前就到达地球，时光倒流再次发生。类似这样的时光倒流需要建造一个自动的即时通信器，然后让它以非常高的速度远离地球飞行一段时间。一旦制造完成，这个即时通信器就成为信息的时光传送机。

现在，让我们用一些实际数字使以上的例子变得更具体。假设飞船的运动速度（v）是0.9倍的光速。飞船上的钟已经工作一年时间了。依据狭义相对论计算飞船上的时间和地球上的时间的比率，也就是$\sqrt{1-v^2/c^2}$，其中v是飞船的速度，c是真空中的光速。计算结果是，飞船上的一年相当于地球上的2.29年。所以，飞船上的时间比地球慢了1.29年。如果在飞船上用即时通信器发送信息，那么信息会在其发送前的1.29年就到达地球。现在我们从地球的角度看飞船，飞船上的一年只相当于地球上的0.436年。所以，飞船上的时间比地球快了0.564年。如果我们把飞船发给我们的信息再发回去，那么信息会比最初发送时间早出现大约1.85年。

布莱什在故事里并没用到“时光倒流”（如果真能制造出影片中的即时通信器，那么上述的“时间变慢”完全有可能发生），而是进一步地描述了一个“嘟”的物理现象，并创作了同名小说《嘟》。狄拉克发射机每发送一条信息，都会发出“嘟”的一声。一开始，“嘟”被人们当成某种信号干扰，但最后人们终于意识到，原来“嘟”是通过狄拉克发射机发出的所有信息的信号总和。

小说中没有解释的是，为什么通信器会莫名其妙地利用时间倒流把所有信息汇聚成一个信号——“嘟”。所以，在布莱什的世界里，人们不光可以用狄拉克发射机进行即时通信，还可以扫描并分解“嘟”这个信号传递的信息，用狄拉克发射机向过去、现在甚至未来发出指令。

小说中还指出，那些通过狄拉克发射机发出的未来信息必将成为事实。它们不再以人的意志为转移，也无所谓因果关系。这些事件必然发生，因为它们“已经”发生了；正因如此，很多物理学家用此证明为什么即时通信不可能实现。

虽然狄拉克发射机的原理不甚明了，但是布莱什为这台机器取名“狄拉克”却是对的。因为最现实的实现即时通信的依据就是量子理论里复杂的狄拉克理论体系。实现超光速通信的一个方法就是利用量子物理的基本元素——量子隧穿。

量子物理学的核心是薛定谔方程，它描述了在任意时间任意地点出现量子粒子的可能性。薛定谔方程和我们在高中时期学习的牛顿运动定律完全不同。根据牛顿运动定律，如果我们知道物体在何时何地开始运动，而且知道物体的速度和加速度，那么我们完全可以计算出一段时间后物体的位置。从球的运动轨迹到阿波罗计划，我们都可以用牛顿运动定律计算出各种物体的位置。但是，牛顿运动定律并不适用于量子粒子。

运动一段时间之后，量子粒子不再有确定的位置，除了它们存在于某个位置的概率，我们一无所知。我们可以算出量子粒子在任意位置的可能性，但我们无法知道它们的确切位置。用薛定谔方程算出的多维概率数组有一个潜在的问题。如果粒子附近有障碍物，那么粒子是不能穿过障碍物的；但是根据薛定谔方程，该粒子也可能位于障碍物的另一边。

量子隧穿虽然是一种模糊的理论，但是它对我们的生存却有直接的影响。太阳是我们赖以生存的能量源泉，量子隧穿效应在这个过程中起到了至关重要的作用。如果太阳不提供大量的能量，那么地球表面会非常寒冷，也不会有生命存在。太阳能是由核聚变产生的，4 个氢原子（最小的原子）聚变为 1 个氦原子，同时产生能量。但是，这个过程本不能发生。

在太阳中，原子都是以带电原子核的形式聚集在一起的。氢原子核其实就是质子，一种带正电的粒子。这些质子相互排斥，离得越近，相互间的斥力就越大。强核力能将两个质子吸引到一起，它只在极短的距离内才能发挥作用。即使太阳表面的温度很高，也不足以把这些质子拉近至这个距离范围内而产生聚变。

聚变发生的唯一原因是，这些质子是量子粒子，它们能够"穿越"（通过量子隧穿效应）斥力的屏障，它们彼此间的距离有一定的概率能达到足以发生聚变的程度。所以，地球变得很温暖。但是从超光速通信的角度来看，这其中还有一个有趣的现象，即"穿越"斥力屏障不需要任何时间，量子粒子本来就在屏障的另一边。

许多科学家都利用过隧穿现象，其中最著名的是加州大学物理学家雷蒙德·乔，他利用这个现象将光子（也就是构成光束的微小粒子）加速到超光速。（相同的现象对于其他诸如电子的量子粒子也适用。）假设有一个质子偶尔可以穿越的屏障，若将许多质子都射向这个屏障，虽然绝大多数质子都穿不过去，但还是会有个别质子能够穿越屏障，且无须花费任何时间。

如果知道质子运动的每段路程的距离和花费的时间，就可以算出质子的平均速度。如果一个光子在一段距离内以正常速度运动，又不花任何时间通过相同距离的屏障，那么这个光子的平均速度就是光速的两倍。依据这个想法，乔和他的团队将光速提升到了原来的 1.7 倍。

乔教授认为这套实验很新颖，但并不能用于空间旅行。信息不能通过他的实验假设条件进行传送，穿越屏障的质子也不能人为控制，所以我们依然无法用超光速向过去传递信息。许多科学家都对这个概念抱有希望，愿意进一步探寻这个有趣的现象。这个现象变得如此广受瞩目，以至于物理学家们 1995 年在美国犹他州的雪鸟城专门举办了一次会议来探讨它。而且，一位参会者决定进一步挑战超光速的极限。

这位参会者是来自科隆大学的京特·尼姆茨教授。尼姆茨是位演说家，他的科学界同僚在很多时候并不买他的账。另外，虽然他从事物理学研究，但他曾经是个工程师。这一职业被很多物理学家瞧不起，所以一开始他的研究成果并不受重视。尼姆茨想在这次会议上一鸣惊人，在展示了他的实验结果之后，他说道：“我们常说超光速传递信息是不可能的，但我想让你们听听这个。”他拿出一台属于他儿子的破旧的随身听，播放了一段断断续续的莫扎特《G小调第四十交响曲》。

“这段莫扎特的交响曲，”尼姆茨宣布，“它的信号是以超过4倍的光速传播的。这可能算作某种信号，一个在时光倒流的情况下传播的信号。”在悠闲的氛围中，尼姆茨的成果展示引起了轩然大波。有些人尝试反驳尼姆茨，认为音乐并不构成信息。尼姆茨刻薄地反驳：“也许对美国人来说，莫扎特的《G小调第四十交响曲》不算信息，但是我们欧洲人可不这么认为。”让我们公正地评价一下这个发现，那就是这段音乐的传播速度确实比光速快，这段音乐的传播速度是光速的4.7倍。

那么，尼姆茨真的研制出了时间机器吗？如果是真的，为什么没有人把彩票号码传送到过去让自己中大奖呢？如果了解了尼姆茨的实验原理，你就会理解他的结论从技术层面上来说确实是正确的，但他的实验并不能把有用的信息传送到过去。要知道为什么，我们先得看看尼姆茨到底实现了什么。尼姆茨利用调制过的电磁波把莫扎特的交响曲转化为空间中的信号，这种电磁波和传统的电磁信号并没有多大的区别，唯一的不同就是这种电磁波的频率非常低（和家用微波炉的频率类似）。

他在空间中放置了微波可以隧穿的屏障。有若干种屏障都适用，尼姆茨通常使用周期性介电结构的光子晶格，或者有间隙的一对棱镜。棱镜之间存在受抑全内反射现象，这是一个非常奇异的现象，微波本应在第一个棱镜里进行全反射，但事实是有些微波会穿过两个棱镜的间隙进入第二个棱镜。

在这个过程中，大部分光子都被吸收了，这也是这段录音断断续续的原因。但是，这段音乐还是能听出来旋律的，因为有足够多的光子成功穿越了屏障，而且都是即时穿越的。实验结果是，这些音乐信号的传送在时间上提前了，它们到达播放器的时间比正常情况下要早。实验就是这样，但是对于实验的真正意义，不同的物理学家各执一词。有些物理学家说，尼姆茨只是让波的形状发生了改变，而不是实现了时间的提前，就像短跑运动员伸长胳膊用手碰触终点线而不是身体越过一样。但是尼姆茨和其他一些物理学家却坚称，隧穿现象即时发生，他们看到的就是超光速信号。

在隧穿实验中，信息确实以4倍于光速的速度穿过了棱镜间隙，但是原始信号和转化过的信号之间的时间差太小了，无法把信息传送回去。理论上，屏障越大，可利用的时间差也越大。但是屏障越大，可穿越的光子数目也越少。如果时间差足够大，基本上没什么光子可以实现穿越了。

另一个量子现象并不受类似限制的影响，而且和虚构的狄拉克发射机的原理非常相近。这个现象就是量子纠缠，它是指处于纠缠状态的两个或两个以上的粒子可以在任意距离外相互影响。而且，所有证据都显示，这个现象是即时发生的。理论上，对于宇宙中处于纠缠状态的相距甚远的两个粒子，改变其中一个粒子的状态，另一个粒子的状态也会随之改变。

量子纠缠并不能产生狄拉克发射机的“嘟”的现象，但量子纠缠是一种即时交流的形式。理论上，如果把量子纠缠和狭义相对论中的“时间变慢”概念结合起来，并用此方法即时传送信息，我们就有可能把信息再传回过去。正因为如此，在过去的几十年里，每当人们听到量子纠缠这个名词时，他们首先想到的就是利用这个原理建造即时通信器。但是，宇宙好像不太愿意让我们轻易地实现即时通信（或者说，把信息传回过去）。

首先，通信的两端需要有处于纠缠状态的粒子。这是比较容易实现的一个步骤。处于纠缠状态的粒子在实验室中就可以制造出来：用某种特殊方式使原子里的电子受到激发，当它回到基态时会释放出两个光子，这两个光子就是一对处于纠缠状态的粒子。分束器最近几年常被用来制造处于纠缠状态的粒子。它的原理简单来说就是，用倾斜的玻璃板反射大部分光，同时让少量光通过。这个现象的本质就是量子现象。通过不同的分束器，原子中释放出的光子和产生这些光子的原子就成为处于纠缠状态的粒子。

虽然纠缠状态非常容易被破坏，但我们已经可以让处于纠缠状态的粒子分开非常远的距离，比如一个在地球上，另一个在卫星上。我们也能做到让粒子间的纠缠状态维持比较长的时间，甚至长到可以完成长距离的通信。不论处于纠缠状态的粒子是光子还是其他物质，它们都是以正常的速度运动。所以，除非我们制造出超光速的粒子驱动器，否则一个处于纠缠状态的光子在执行即时通信的任务之前，先需要花大约250万年才能到达仙女座星系。

当另一端的粒子就位之后，我们需要做的就是对发射端的粒子进行一系列测量。这样，我们就可以立刻知道另一个粒子的对应状态。比如，如果经过测量，我们发现一个粒子的量子自旋轨迹是“向上”的，那么另一个粒子的量子自旋轨迹就是“向下”的。但是所有试图用这个方法制造出狄拉克发射机的人都要面对一个问题，那就是我们没法强行改变粒子的自旋属性，也就没法进行有效的信息传递。粒子的自旋属性完全是随机的，我们也许可以用这种方法实现信息的即时传送，但信息的内容却是随机的。

只要利用量子纠缠实现即时通信，都会面临相同的问题：要么信息内容是随机的，要么传递过程需要一些亚光速信息的辅助。比如，我们也许可以把纠缠状态本身作为“信息”，测量发射端粒子和接收端粒子是不是处于纠缠状态。我们可以从两列处于纠缠状态的粒子入手，它们分别位于发射端和接收端。然后我们破坏几个发射端粒子的纠缠态，接收端粒子就会展现出对应的状态。这确实可行，但是我们验证纠缠状态也需要发射端和接收端之间亚光速信息传送的辅助。如果是这样，那么基于量子纠缠的信息传送和传统的无线电传送也没什么区别了。

虽然有各种各样的问题，但这些问题都不能阻止物理学家试图利用量子纠缠实现即时通信。比如，20 世纪 80 年代，物理学家尼克·赫伯特就设计了一个即时通信器，这个仪器好像可以克服之前的所有问题。赫伯特设想把分别位于接收端和发射端的一对纠缠态光子分开处理，发射端的光子会通过两种可能的偏光板，一种偏光板会产生传统的线偏振，另一种偏光板会产生圆偏振，偏振方向随时间改变。

同时，接收端的光子会通过激光增益管产生许多它的副本。这些副本中的一半会通过线性探测器，另一半则会通过环形探测器。从理论上说，接收端的光子分布应该可以由发射端的光子分布决定。然而，量子纠缠的奇特性质又一次让充满希望的科学家们失望了。在前文中我们讨论过一个物理原理——量子不可克隆原理。也就是说，要完全复制一个量子粒子，不可能不对原始的量子位元产生干扰。所以激光增益管不可能完美地制造出和接收端光子一模一样的副本，这也证明了赫伯特的双路探测器方法不可行。

20 世纪 80 年代的赫伯特思想实验是人类最后一次试图构建即时通信系统（虽然很多物理专业的学生会通过各种设计来理解量子纠缠），但 2014 年的一项新工作再一次勾起了我们的好奇心，那就是我们能否通过克服量子纠缠的不确定性来实现即时通信。

来自奥地利科学院量子光学与量子信息研究所、维也纳量子科学与技术中心以及维也纳大学的科学家们，成功地在不探测来自于某物体的光的情况下传输了该物体的图像（这幅图像是一只猫的轮廓线，为了纪念著名的“薛定谔的猫”）。这个实验用到了处于纠缠状态的光子对，在每对光子中，一个光子的波长处于红光波段，另一个光子的波长处于红外光波段。红外光子打到物体上后，进入水晶介质并干扰第二个处于纠缠状态的红外光子。如果与之前两个红外光子分别处于纠缠状态的两个红光光子此时也相遇，干涉图谱就会显示出原物体的形状，虽然红光光子并没有靠近原物体。

可惜的是，即使这个实验也没能实现即时信息的传送，因为实验的前提是光子要一起通过成像仪，但光子需要先以光速到达目标物体后才能形成图像。毋庸置疑，这个方法确实为实现低强度红外成像提供了一种可能，因为捕捉低强度红外图像的照相机现在并不存在，普通相机只能够捕捉低强度的红光。

虽然奥地利量子理论物理学家安东·蔡林格的格言是“永不说永不”，但现在的所有证据都表明类似狄拉克发射机的即时通信器是不可能实现的。信息交流仍要受到光速的限制，它无疑是现代文明的基础。

现在，我们和其他人的通信都是通过手持设备或者屏幕。但科幻作品告诉我们，这些机器不是必要的。当我们能把设备内置于身体的时候，为什么还要携带它们呢？

第 15 章

脑机连接

《星际迷航：下一代》上映时，看着里面出现的博格人，我非常庆幸我已经是个成年人了。博格人简直太坏了，相较之下，克林贡人反而看起来十分亲切。就连《神秘博士》里可怕的戴立克人在博格人面前也显得微不足道。博格人冷血残暴、毫无人性，让人非常害怕。（博格人通过给其他种族置换机械组件来实现种族同化，比如，皮卡德舰长就被换了眼睛。）博格人的战舰杂乱无章，和任何飞碟相比，都更阴气沉沉、令人恐惧。博格人的战舰就像一个蜂房，里面的每个个体独立灵活，但却出人意料地团结对外。在电视剧和电影里，人类都取得了最终的胜利。但仔细揣摩过故事情节的人都认为，博格人本可以赢得战争，然后同化星际联邦的。不得不承认，作为“博格人的代言人”，被同化过的皮卡德舰长比他作为人类的时候，形象更威武。

虽然博格人属于半人半机械的种族，但这个种族有值得我们深思的“蜂群思维”，博格人就像蜜蜂和白蚁一样齐心协力、团结合作。这种社会结构和其他的外星人非常不同，“蜂房”结构是科幻作品中的绝佳模型。虽然《星际迷航》让我们印象尤其深刻，但它绝不是首部指出外星人和人类完全不同的作品。在赫伯特·乔治·威尔斯的小说《登月第一人》中，月球居民的社会结构就类似于蜂巢。

虽然蜜蜂和白蚁有绝佳的建筑技艺，但它们一度被视为十分低等的生物。我们总是忽略了一个事实，即每个单独的昆虫并不能算作一个个体，整个种群才是生物学意义上的一个“超级有机体”。就像细胞是我们身体的组成单位一样，单个细胞没办法独立工作，多个细胞组合在一起远比单个细胞在功能上更复杂、更强大。同样，超级有机体也整合了负责不同任务的某种昆虫。在超级有机体中，昆虫们各司其职，其中的某个昆虫对于整体来说并不那么重要，就像我们手指上的几个细胞对于整根手指来说一样。

在博格人的社会，集体能力和每个个体的智慧融合在一起，每个个体都在贡献自己的力量。就像蜜蜂群和白蚁群一样，超级有机体比单个昆虫更有力量；在博格人的社会，超级有机体远比单个人更可怕。（正因为如此，博格人毋庸置疑可以打败星际联邦。）另外，博格人的社会关系机制比昆虫群体更灵活。

昆虫主要是通过化学物质和它们所属的超级有机体相联系，比如它们的排泄物、触角，还有生理运动，著名的“蜜蜂舞蹈”就属于这类。这些足以让它们交流类似花蜜位置的信息，构建复杂优美的社会结构，扇动翅膀实现蜂房通风，以及共同对抗敌人、保卫蜂后。博格人不需要物理上靠近对方，而是通过连续不断的宽带实现连接，这让博格人有更快的行动力和更强的机动性。博格人个体也不是单个的昆虫，而是拥有人类的智慧。

博格人除了有集体行动力以外，还有生化人的本质。生化人是机械化、电子化的有机体，这个概念既新颖又可怕。1960年，科学家曼弗雷德·克莱因斯和内森·克莱因提出了“生化人”的概念，这个概念于同年5月份首次在《纽约时报》上公开发表。克莱因致力于致幻剂的研究，《纽约时报》上最初的定义也主要反映了这一点，即生化人是“一个人机系统，其中人类部分由药物或者调控装置控制机理，使其在离开正常环境后仍然可以生活”。后来，这个词被专门用于指代机械化或电子化的人类。

真实世界中的人体改造要先于科幻作品。比如，拐棍的历史可以追溯到史前时代，它们被用来增强人类身体的稳定性；眼镜发明于中世纪以前（可能是中世纪士兵罗杰·培根发明的，但没有太多的证据证明这一点）；人类发明了轮子之后，就开始使用类似轮椅的设备了；假肢在人类的截肢手术成形之后就出现了，木头或者金属的假肢存在了至少几千年（在公元前3世纪的意大利墓穴里就发现了类似假肢的东西）。

这些例子似乎并不能让我们心潮澎湃，或者感到害怕。虽然一些设备让人类身体的某些功能得到强化，但我们并不觉得戴隐形眼镜和假牙的人是生化人。区别就在于，这些改变是否能让人类个体拥有超过普通人的能力（这也是科幻小说关心的话题），以及人的外观是否会改变，看起来像个怪物，不同于普通人的模样。

最早出现在科幻作品中的拥有超人能力的生化人在今天看来也十分与众不同。在埃德温·奥德尔于1923年创作的小说《发条人》（*The Clockwork Man*）中，发条被植入一个人的大脑。由螺栓固定的机械装置操纵着这个人的行为，让他（莫名其妙地）有能力去其他维度的空间中旅行。更广为人知的生化人例子是，20世纪70年代的电影《无敌金刚》（*The Six Million Dollar Man*）中由李·梅杰斯扮演的严重受伤的宇航员史蒂夫·奥斯汀。

《无敌金刚》改编自马丁·凯丁于1972年发表的小说《生化人》（*Cyborg*），里面最著名的一句台词是："我们可以重建他……我们有技术。"因为全身受了严重的伤，宇航员的双腿、一条胳膊和一只眼睛都更换为机械的，这使得这名宇航员虽然看上去像人类，却拥有超人的能力。这部电影轰动一时，还推出了情节类似但制作却更加精良的续集——《无敌女金刚》（*The Bionic Woman*），由林赛·瓦格纳领衔主演。科幻电影中所展现的奥斯汀的超能力其实是不成立的。虽然他的手臂异常有力，但当他举起非常重的物品时，他的身体根本无法承受，会被压垮或者胳膊会折断。但是，没有人质疑过奥斯汀的能力。

在真实世界中，人们在伤病后安装的假肢，几乎不可能超越原来的肢体能力，至少比不上健康正常的肢体，假肢的意义只是让整个身体看上去比较完整。在遭遇了一次严重的骨折后，我的肩部内置了一块金属板。这块金属板并不能给我超能力，还会在我每次接受机场安检的时候给我带来麻烦，但是这块金属板让我的肩膀能正常活动。腰部、膝盖的支撑设备，以及心脏起搏器也存在类似情况。这些医疗手段并不能让身体运转得比原来好，只能使身体接近正常状态。

生化人看起来很怪异的特点导致我们常把人工耳蜗和外观相似的普通助听器混为一谈。人工耳蜗能帮助治疗特定的耳疾。声音进入耳朵，振动鼓膜，进而通过 3 块小骨头（人体里最小的骨头）传到前庭窗的膜上，使耳蜗中的液体流动。耳蜗是一个螺旋形骨管，上面有许多像毛发一样的小凸起，这些小凸起都是细胞膜的延伸。耳蜗中的液体流动会刺激这些毛细胞的底部，在听觉神经中产生信号。如果这些毛细胞受损，听觉就会丧失。

人工耳蜗跳过之前的步骤，直接刺激毛细胞。外部的耳机接收并处理信号，产生一系列的电脉冲，传导到植入皮肤下面的设备，皮下设备刺激嵌入耳蜗的电极。最早的植入设备就是一个电极，而现在的植入设备有 20 个单独的刺激位点。即便是这样，也只有很少一部分毛细胞被刺激到。这种设备最开始被认为只能帮助听障人士更好地理解唇语，但事实上，它还能帮助听障人士理解听觉信息，远比预期效果好。超过 30 万听障人士从人工耳蜗中受益。

虽然人工耳蜗确实是生化人装备的例子之一——在人体内植入电子设备，直接和神经系统相连——但我们通常并不这么认为，因为人工耳蜗看上去就只是一个助听器。但仔细想想，眼镜看上去确实像生化人的装备。1978 年，研究员威廉·多贝尔在一个叫作杰里的盲人大脑中植入了视觉辅助设备，为其重建视力，把置于眼镜上的摄像头所收集的信号，通过大型计算机输入植于大脑视觉皮层下的电极。后来，多贝尔改进了整套装置，使之更为便捷。

多贝尔的实验广受争议，他在科研体系之外工作，并且他的视力重建治疗费用非常高。但不管多贝尔的设备是否真的会出现在医疗实践中，他的实验已经成功地说明类似人工耳蜗的视觉植入设备并非不可行。多贝尔的设备不能重建视力，却能产生类似视觉的信号，足以帮助视力障碍者了解周围的状况。

多贝尔设备中的电极直接刺激人的视觉皮层神经，从而产生光幻视，即类似视觉的小范围的光感。我们都感受过光幻视。当我们揉眼睛的时候，眼前的闪光就是光幻视，它是视神经受到压力刺激而产生的。多贝尔的设备利用电脉冲刺激视神经。这个系统的最初校准过程需要通过电极输入一系列信号，接受校准的人需要描绘他“看到”的场景，然后研究员利用这些信息做测绘，就像计算机屏幕上的像素点一样。不同之处在于，在光幻视中，光点不像像素点那么均匀有规律。

测绘完成后，多贝尔的软件利用光幻视的“像素”展示出实验对象所携带的摄像机记录下的图像。在最新版本的设备中，两个摄像头将分别置于左右脑的电极相连，就像视神经连接左右脑一样。即便是这个新版本，效果也很有限，过度的刺激甚至让一个实验对象的癫痫症发作，但它确实可以让实验对象感受到周遭的物体。

除了多贝尔，还有几个大学也在进行助视项目的研究。在未来的10—20年里，助视器毋庸置疑会更加普及。有些实验深入运用脑内电极，有些则从外部刺激视神经，未来会有一部分盲人（取决于致盲原因）不需要接受侵入性脑手术就可以恢复光感，就像人工耳蜗不需要把电极植入脑内就能修复听力一样。

一旦我们可以做到通过电子设备产生刺激，特别是不需要内置电极，人类将变得无所不能。我们只能看见光谱中的一小部分，即波长为400—700纳米的光（1纳米等于十亿分之一米）。波长比可见光长的是红外线、微波和无线电波，波长比可见光短的是紫外线、X射线和γ射线。借助合适的相机，有些神经假体可以让普通人实现夜视，看到在暗处的生物身上发出的热，但这些神经假体需要植入人的大脑。

同样，人类的听力只局限于非常低频的波段。借助合适的麦克风，人工耳蜗可以让普通人听到蝙蝠的定位回声。就像夜视一样，这样的技术需要合适的传感器，才能让我们的感官更灵敏。有研究称，相较于人，狗的视觉和嗅觉更加紧密地联系在一起，所以狗可以用嗅觉导航。就像光和眼睛自然而然地联系在一起，我们可以用电子耳朵“看到”声音，或者用电子鼻子“看到”气味。感官神经假体完全有可能让携带者与环境的互动交流比普通人更加丰富。

同理，我们默认感官输入的位置一定和感官接收的位置（我们的大脑）在一起。但是，现代的电子交流并没有这个限制。感官输入可以产生在战场的坦克里，或者地球的另一边，甚至是火星表面的遥控探测器上。（火星探测器的唯一问题是时滞。光是传递信号的最快方式，但也需要4分钟才能从火星传播到地球，地球上的反馈信息最快也需要4分钟才能传播到火星上，所以火星探测器需要较长的时间才能对某个问题有反应。）而且，进入脑中的信号甚至不需要感官输入。

通常情况下，通过看电影获得的体验和真实体验相比还是很有限的。然而，使用直连大脑设备的用户体验到的电影场景则和真实世界没什么区别。不仅如此，这些用户“看到”的图像在真实世界中甚至不一定存在，它们可以是电子游戏中的虚拟场景，或者是基于互联网的虚幻宇宙。只要图像的质量较高，特别是不需要手术和电极的人机交互系统可行，这项技术就绝对可以改变我们和真实世界以及虚拟世界的互动方式，从而拉近我们的世界和《黑客帝国》中的世界的距离。

2006年，两篇发表于《自然》杂志的论文提到了神经假体，这给那些神经系统受损的人与外在环境的互动带来了希望。在文章开头，约翰·多诺霍和他在布朗大学的同事们，描述了如何在负责运动的大脑区域——初级运动皮层的中央前回区排列96个电极。实验对象马特·内格尔的脊椎在一次事故中完全受损，导致他的四肢瘫痪。

虽然事故发生于做实验的3年前，但他仍可以通过"想象"手的移动在电极中产生信号，移动屏幕上的光标，打开模拟的电子邮件，以及操控类似电视的电子设备。他可以边说话边"想象"，就像正常人边说话边干活那样。他还可以用机械手臂完成简单的动作。

想象中，对机械手臂进行精细操作将需要大量的训练（好莱坞电影肯定会如此描绘，还可能会用蒙太奇的剪辑手法，并配上非常戏剧化的背景音乐）。但在现实中，科研人员惊喜地发现，内格尔迅速学会了如何操纵机械手臂。他在几分钟内就可以用想象中的手移动屏幕上的光标；在没有更多训练的情况下，他还迅速完成了一系列其他标志实验成功的动作。

虽然上述实验是在布朗大学里进行的，但它是该实验室与赛博动力学公司（Cyberkinetics）合作完成的，该公司以"大脑之门"为名注册了这项技术，预示着这项技术未来的商业潜力。如果实验室使用的是非侵入性连接，不需要植入电极，就更好了。这类电极应该不能终生使用，也伴随着感染等其他危险，所以最佳的情况是内置装置被可穿戴装置替代。另外，有证据显示，由电极记录的神经信号会随着时间的流逝而减弱，不同的个体对电极装置的运用能力也不同（这也许是由于电极排列的微小不同导致的）。

2006年，第二篇发表于《自然》的论文则在用思维移动机械手臂的基础上更进一步，展示了如何用意识直接完成某项任务。斯坦福大学的克里希纳·谢诺伊用一系列置于猴子脑中的电极更精确地捕捉到了它的行动意图。这个实验扩展了大脑和行为之间的联系。研究者称，如果把这个系统置于人类大脑中，它的准确性和实效性可以实现每分钟打出15个英文单词。

“大脑之门”技术可以实现人对机械手臂的操控，比如移动屏幕上的光标，但如果用来打字就太慢了；第二篇文章中的技术则可以利用意识直接在屏幕上打出文字，而不是用机械手臂逐个地敲击键盘。

这些实验只是朝着由大脑直接操纵机械手臂目标迈出的第一步，真正实现用机械手臂替代物理手臂还需要合适的反馈。我们不仅要有能力移动四肢，还得知道四肢在哪儿。虽然这个能力的重要性好像并不那么明显，但这是安装机械手臂的前提。我们先要知道四肢在哪里，才能对其进行精细操控。这个功能让我们可以闭着眼睛摸到鼻子，或者不用盯着手和腿看就能让它们下意识地运动。有几个实验室正在试图完成这个反馈系统，直接向神经系统输入手或腿的信息。

虽然假肢和大脑直接互动还处于实验阶段，但是相关研究已经有了长足的进展。现在的研究者通常采用不那么危险的方法，他们把肌肉和神经系统相连，而不是直连大脑。因为这样的实验更安全，而且能够延长假肢的使用期。比如，2014 年的一篇文章详细记录了一个瑞典卡车司机使用假肢后一年的生活。用 7 个电极将他的假肢和上臂神经系统连接起来，在一年时间里，他的假肢持续得到精细的调控，比如他可以用假肢开锁或捡起地上的鸡蛋。

现在的一些假肢的电极位于其表面，采用插拔的连接方式，但这些假肢还存在一些问题，有时不能正常工作，还会导致酸痛感，精准度也有限。上述第一篇文章中的实验使用了植入式电极，这个方法显然更有效。因为它用到了原有手臂中的神经通路和肌肉，连接方法更简单，操控也更精细，但要避免早期临床试验中的潜在风险。

当然，科幻作品并不需要考虑人体的承受极限，它可以随心所欲地改造生化人的身体。博格人只保留了人类的脑子，而把眼睛等功能性身体部位换成了“更好”的电子设备。我们中的大多数人对此都难以接受，下意识地会产生厌恶感。早在 20 世纪 20 年代的科幻作品中就描写过，这种生化人的最终版本是具有人类的大脑和机械的身体，它可以是机器人，也可以是自主飞行的宇宙飞船。幸运的是，我们现有的医疗技术还不足以打造一个类似的生化人。

事实上，我们打造过的与电影中的外星生化人最相似的东西，其实没有掺杂任何人类的身体部位。2006年，美国国防部高级研究计划局开始制造机械昆虫。这个项目有广阔的前景（前提是你不太纠结于昆虫的权利和感受）。我们现有的技术可以完成许多神奇的事情，但我们还不足以重现大自然巧夺天工的杰作，制造出小小的昆虫。毕竟，昆虫的身体太小了，却可以准确地飞行，而且小小的身体携带的能量足以支撑几个小时的连续飞行。相较之下，我们制造的机械昆虫——无人机和直升机，完全不值一提。

美国国防部高级研究计划局的设计在迈克尔·马哈比斯制造的远程遥控甲虫上得到了完美的实现。马哈比斯和他在加利福尼亚大学的科研团队，在巨型花甲虫的背部安装了一个小的电子设备，它包括处理器、接收器和电池，通过6个电极连接到甲虫的视叶和飞行肌肉上。这个设备使科学家可以将神经冲动发送给甲虫的神经系统。视叶发出的信号可以让甲虫运动或静止，飞行肌肉中的电极可以控制甲虫的运动方向，甲虫本身的系统则负责维持飞行姿态这个复杂的任务。这样一来，整体的控制就比无人机和直升机简单多了。

“巨型花甲虫”这个名字本身就暗示该电子设备的载体是个非常大的甲虫，它可以携带设备，但灵活性却比不上苍蝇。这个项目的最终目标是在更小的昆虫上实现人工操控。设想一名特工操控一只苍蝇——一种微型监控设备——潜入恐怖组织的场景。巨型花甲虫的载重能力可能有更广阔的用途，它可以接收远程的遥控信号，并协助运送小的物体。实验中的甲虫永远在研究人员的视野里，因为它背后背着一个摄像头，摄像头只有针头大小，所以甲虫可以像无人机一样，飞去世界上的任何地方。

虽然还比不上飞机，但每个人都有机会远程遥控昆虫，这要归功于一个叫作“后院天才”的公司。以不到100美元的价格，你就可以买到一个“机械蟑螂”，这是一个可以安装在蟑螂身上的电子工具包，然后你就可以用手机远程遥控这只蟑螂了。和迈克尔·马哈比斯的设计类似，这个工具包会把电极插入蟑螂的触角，以此操控蟑螂左右转向。（如果你手头没有蟑螂，也可以从后院天才公司订购。）

我们尽可以嘲笑这个奇怪的公司，但我们可以购买到机械蟑螂的事实足以证明，整个产业已经非常成熟了。后院天才公司声称，“机械蟑螂”有助于人们理解神经科学和控制论。虽然这个纯粹以娱乐为目的的系统的道德伦理观还有待商榷，但这项技术带来的实操机会（和对神经系统的理解）很符合寓教于乐的教育理念。

从脑机连接的概念出发，我们不难想到，连接大脑的计算机也可以通过互联网连接到另一台计算机上，另一台计算机又可以连入其他人的大脑。于是，两个大脑之间就会产生心灵感应。在范德堡大学，乔恩·卡斯带领的研究小组致力于直接的脑脑交流研究。他们在猕猴脑中负责听觉的部位植入电极，猕猴接收到听觉信号的同时，卡斯研究小组也可以接收到同样的信号。

如果猕猴受到的听觉刺激和脑中接收到的信号有很好的对应关系，那么通过直接刺激大脑，就可以重现听到同样声音的效果。类似的实验结果在脑细胞中也得到了证实，所以通过电子连接，两个个体就可以完成脑脑交流。虽然这和心灵感应还有很大差距，但已经很接近了。

美国国防部高级研究计划局向卡斯资助了80万美元的实验经费，这仅是其在脑机连接方面的投资之一。它已经在其他项目中投资了几百万美元，这些项目的长期目标是操控军事设备，要么提高设备的反馈效率，要么实现远程操作，把军人从战场上解放出来。但是，这种设备在危险环境中必须具备和有人操控的设备一样的灵敏性和机动性。

许多实验都把大脑和外部的电子设备直接连接，但其他很多实验则有效利用了神经系统，这是身体和大脑的天然互动网络，是大脑与生俱来接收信号，并把信号转化为行动的方式。另外，有效利用神经系统可以减少外科手术的危险性。举个例子，我们可以在胳膊中植入与神经系统相连的芯片，而不是在大脑里钻个洞。

从20世纪90年代起，英国雷丁大学的凯文·沃里克就尝试在自己体内植入各种电子设备，想把自己变成一个生化人。有些新闻媒体对此进行了过度报道，沃里克也非常享受聚光灯下的感觉，并标榜自己是个生化人。诚然，沃里克说的没有错，但是大众对生化人的印象更科幻，通常是电子与机械混搭。

沃里克最开始植入自己体内的是射频识别芯片，现在书店、服装店里常见的非接触式付款方式就是用的这种技术，在读卡机上扫一下就可以完成付款。芯片被放置在一个圆柱体中，植入他的左上臂皮肤和肌肉之间。在植入后的9天里，该芯片帮助他与办公室里的许多电子设备实现了互动。

只要沃里克位于办公楼周围，计算机的语音系统就会说“你好”，门会自动打开，灯会随着他的出现、离开而打开、关闭。当然，这一切也可以通过口袋中的门卡来轻松实现。但是，沃里克的实验证明电子设备可以和植入人体的芯片交互。2002年，沃里克把第二枚芯片植入自己的左下臂手肘处，使他的正中神经纤维和100个电极相连。这次植入让他可以遥控电动轮椅和假手，就如前文中瑞典卡车司机的例子一样。

最有趣的实验也许是沃里克的妻子伊雷娜也在自己的身体里植入了一枚（相对简单的）芯片。这次植入让她可以向沃里克传送自己的感官信号。她脑中的指令激活芯片，产生信号，然后传送到沃里克体内的芯片，最终在沃里克的大脑中产生一种感觉。就这样，电子信号拓展和连接了他们两人的神经系统，使他们的大脑可以直接进行交流。另外，沃里克体内的芯片也能够通过一个超声波传感器接收超声波信号，并对沃里克的大脑产生刺激。事实上，他可以“听到”超声波。除此以外，沃里克的神经系统还能通过互联网和位于大西洋另一边的一只假手臂连接，他的神经系统因此得到了数千英里的延展。

沃里克在科研领域依然非常活跃，但除了出书之外，他在2002 年后似乎就放弃了生化人实验。因为沃里克更善于炒作，比其他科学家更爱在媒体面前抛头露面，所以他备受争议（在我写作本书的时候，几乎听不到他的任何消息）。他可能确实有点儿特立独行，但他绝不是一个骗子。他的实验已经被证实，绝不仅仅停留在概念层面，而是有广阔的应用前景。另外，他的芯片植入的实验比直连大脑的实验更安全。一些其他实验也证明，电子设备可以有效地帮助人们扩展身体极限。

哈佛大学公布了最新的脑感应研究进展。2013 年，计算机在人和鼠之间建立了连接，脑电图帽子捕捉到大脑的活动，让人可以随心所欲地控制鼠尾巴的运动。2014 年 9 月，哈佛大学的科学家进一步实现了相距 5 000 英里的脑脑交流。发出信息的人头戴一个可以捕捉大脑信息的设备，通过想象产生关于某种行为的二进制信息，比如，想象动手对应的二进制信息是a1，想象动脚对应的二进制信息是a 0。

这样产生的信息通过互联网在印度和法国之间进行传递。接收信息的人也头戴一个设备，利用跨颅磁技术刺激视神经，在周边视觉中产生闪光。这虽然不是我们熟知的心灵感应，但已经足够引人注目了，因为它在没有侵入性脑手术的潜在风险的情况下，成功实现了脑脑交流。

很多生化人技术，不管是科幻作品中的博格人，还是现实生活中的实验，都让我们能更好地和外界交流，以及了解周围的人和事物。但是，科幻作品中也描绘了科技的另一面，它让交流变少，把人和事物隐藏起来。实现隐形一直是科幻作品的梦想。

第16章

隐形技术

《星际迷航》让“隐形设备”这个词深入人心，但我在更早以前就知道这个概念了，除了因为2 000年以来魔术表演中常见的隐形桥段，主要归功于威尔斯。

我小时候认为,《时间机器》中的政治影射非常无聊,《登月第一人》情节有趣,《世界大战》引人入胜。但是，我对短篇小说《隐形人》更情有独钟，这篇作品为威尔斯的系列作品增添了些许恐怖元素。我小时候就觉得隐形技术非常有趣，很多青少年电影或具有青少年式幽默的成人电影也持这样的观点。就像电影里的主角那样，隐形的时候可以淘气任性，出其不意地吓唬别人，或者偷窥本不该看的事情。但对于威尔斯作品中的主角来说，隐形却像噩梦一样，你除了知道他叫格里芬之外，对他的其他特质一无所知。

格里芬光顾一家乡村酒吧，从头到脚都被衣服包裹得严严实实，本该露出皮肤的地方用绷带缠住，戴着潜水镜和一个夸张的假鼻子。格里芬是伦敦大学学院的科学家，学过物理学，懂得光学原理，曾是一名医学院学生。他制造了一种能让人永久隐形的药剂，可能是因为他本性邪恶，也可能是在药物的影响下，格里芬后来日渐疯狂。他杀死了一位不幸的老人，在街坊邻里造成了巨大的恐慌，最后被杀死。一个名为漫威的流浪汉偶尔会协助格里芬，这个名字现在看来颇有讽刺意味。格里芬因为自己的“超能力”而饱受折磨，漫威漫画的英雄们往往也为自己的超能力感到痛苦。

当格里芬有机会解释隐形的原理时，他指出，我们能够看到物体是因为物体可以反射并吸收光。当太阳的白光照到红色的消防栓上时，红颜料吸收光，并释放出红色的光子，所以我们看到的消防栓是红色的。（这个过程经常被描述为反射，但实际上，光被吸收了，并不会像打在墙上的网球那样弹回来。）格里芬解释说（虽然这并不正确），人类的所有细胞几乎都是半透明的。“事实上，除了血红素和头发里的黑色素外，组成人体的物质都是透明、无色的。”格里芬的化学药剂可以让红细胞也变得透明，同时他利用“以太振动”（威尔斯对当时刚刚发现的X射线异常着迷，他笔下的格里芬强调：“不，并不是‘伦琴振动’”）改变了身体的折射率，使之与空气一致，所以他的身体不仅是透明的，而且肉眼不可见。

虽然小说中的隐形机制毫无道理，但是通过改变物质的折射率使之隐形确实是正确的。在水里的透明玻璃珠是可见的，因为玻璃和水的折射率不同；有一种折射率和水非常相近的塑料，由这种塑料制成的珠子掉进水里就好像消失了一样。

许多科幻作品——特别是科幻电影——都忽略了一个问题，威尔斯也没有解释过，就是格里芬是如何看见其他东西的。一个完全隐形的人（《哈利·波特》或《星际迷航》中的隐形设备可以有效改变设备周围的光路，从而达到隐形的效果），其周围的光也不会到达隐形者的视网膜。我们之所以能看见事物，是因为我们的视网膜可以吸收光，大脑将这种信号理解为视野。如果是这样，对于隐形人来说，若要看到事物，说明光到达视网膜被吸收了，其他人应该能看见隐形者的视网膜飘浮在空气中。所以，完全隐形的人应该是看不见其他东西的，《星际迷航》中的隐形战鸟也是看不见周围的东西的。

威尔斯虽然在《隐形人》中加入了科学元素，但这部作品对隐形原理的讲述只是神话故事和妄想的延伸，就像副书名所示——“一段怪诞的浪漫故事”。在古希腊神话中，裘格斯偶然得到一枚能够帮他隐形的魔戒，这使他最后当上了王。托尔金笔下的“魔戒”是裘格斯魔戒的暗黑版本。裘格斯的戒指并不是只要戴着它就可以隐形，而是要把装饰图案转到手指内侧才行。在科幻故事中，隐形几乎总能让人癫狂或诱使人犯罪。隐形人不会做出善良的举动，甚至不会躲避自己的敌人。久而久之，隐形人习惯了偷窥、恶作剧、性犯罪，甚至谋杀。

在早期的科幻作品中，隐形通常由佩戴的物品产生，比如戒指、帽子，到后来《哈利·波特》用的是隐形斗篷。斗篷让人产生一种感觉，好像斗篷的特殊材质能让被包裹的人从大众视野里消失。隐形戒指的原理更像魔法。中世纪有很多关于隐形的故事，隐形机制非常玄妙，通常由具有仪式性、内含奇怪原料的魔法药水实现。如果故事的主角足够幸运，魔法药水的原料就会很简单，比如一把豆子。但更常见的情况是，魔法药水的原料十分古怪，比如死人的头颅和煮熟的猫骨头。

科普作家菲利普·鲍尔认为，魔法书里描绘的那种冗长的隐形配方，通常包括基本上无法获得的物品，以及月球和地球准确的相对位置，这种配方的设计初衷就是不想让人制作出隐形药水。鲍尔称，这和共济会充满神秘色彩的仪式并无差别，复杂的仪式过程常常让人望而却步。如果能确保书中的药水制作过程复杂到根本不可能实现的程度，在买书的人做不出来药水而要求退还书款的时候，卖书的人便有了合适的托词。比如，仪式没有在午夜零点准时举行，使用的猫的品种不对，等等。

在自然界中，隐形是常见的保护措施，而不是恶作剧的手段。显然，捕食者需要悄悄地靠近猎物，同时利用周围的环境隐藏自己。比如，老虎匍匐在长茎的草丛中，活板门蛛藏在土壤表层、植物叶子或蜘蛛丝下面。和隐藏的捕食者相似的例子也普遍存在于科幻作品中，外星人常常以捕食者的心态审视人类，比如奇幻恐怖系列电影《铁血战士》（*Predator*）中的外星人。对很多人来说，看不见的恐惧比看得见的恐惧更加可怕。但是在自然界中，和捕食者相比，猎物更善于隐藏自己，让自己和周围环境融合在一起。

也许自然界中最耳熟能详的有关保护色的例子就是变色龙了，但其实这种怪模怪样的蜥蜴并不善于伪装。有些（并不是全部）种类的变色龙的皮肤上有一种特殊的色素细胞，内含若干层色素。这些色素要么在皮肤表面均匀分布，要么聚集在一起，以此改变“皮肤像素”的颜色。变色龙对皮肤色素的调控能力有限，而且色素的主要功能不是隐形，而是适应温度（在冷的时候，皮肤颜色变深；在热的时候，皮肤颜色变浅）。皮肤颜色也是变色龙和其他同伴交流的一种信号。

大多数动物都会用比变色龙简单的方法隐藏自己。如果猎物身上的花纹可以帮助其融入周围的环境，这个猎物就更容易存活下来。在进化的压力下，有这些花纹的猎物更容易生存、繁衍。关于这个理论的一个绝佳例子是椒花蛾花纹的进化。一开始，普通椒花蛾翅膀上的花纹和苔藓覆盖的树皮样子十分相似，当椒花蛾趴在树上一动也不动的时候，它几乎很难被捕猎者发现。（相似的伪装在其他环境中几乎没什么用，这样的椒花蛾趴在红砖头或者绿树叶上反而会变得异常醒目。）

工业革命制造了前所未有规模的空气污染，树皮上的苔藓大部分都被污染物杀死而露出了深色的树皮，这些深色的树皮又被沉积在上面的污染物弄得更黑。结果是，在10年中，深色的椒花蛾因为不易被捕猎者发现而在自然选择中存活了下来。但事情再一次发生了变化。在深色椒花蛾生活的重工业区，清洁空气法规的出台使空气质量有所好转。树皮的颜色又变浅了，浅色的椒花蛾成为主流，因为浅色的椒花蛾趴在浅色的树皮上更不容易被发现。

这个“工业黑变病”是进化论的绝佳证据。不仅是椒花蛾，还有很多其他动物在使用类似的保护色机制。但是，动物的这种保护色机制和战船、士兵、武器的保护色机制面临相同的问题。比如，斑马和长颈鹿的花纹有助于其隐藏在光影斑驳、茂密的丛林中，但在广袤的平原上则变得非常显眼。同理，有利于在沙漠中隐藏的车身喷漆，在绿草如茵的地方则毫无用处。和某个特殊环境相匹配的纹路，在另一些环境中则没那么大的用处。因此，那些想实现隐形的人，不得不考虑一些更主动的方法。

在《星际迷航》系列中，隐形概念首次出现在1966年的“恐怖平衡”（《星际迷航：原初系列》第一季第14集）这一集里。这集是在向一个经典题材致敬，那就是潜艇。罗慕伦人使用隐形设备（这个名字在几年后才正式出现，当时柯克舰长接到任务，要去偷一台隐形设备）来隐藏他们的猛禽型星舰。虽然该设备后来为克林贡人所用，但星际联邦曾认为使用隐形技术是一种欺骗行为，当然偷取这个隐形设备更是违法的。编剧吉恩·罗登贝瑞曾做出冠冕堂皇的决定：“我们的英雄不会躲在暗处。”但实际上，这个设定只是为了让故事的主线更顺畅。如果所有的舰船都具备隐形能力，电影的情节发展就会变得很困难。

电影并没有对隐形技术的原理做过多的解释，虽然这部电影确实激励很多人在现实世界中建造隐形护盾。在现阶段，现实中的隐形技术更像自然界的伪装术，而不是科幻作品中的隐形概念。《第三类接触》（*Close Encounters of the Third Kind*）中的灯光闪烁的外星人飞船或许算得上早期科幻作品中的隐形术，但这个设计的主要目的是交流信息，而非伪装。军事领域的隐形技术其实只应用了最简单的物理概念，即减少飞机或者车辆表面反射的光或声音，使它们看起来比实际小很多。如果说迷彩等军事伪装是借鉴了动物身上的花纹，真正的隐形技术的灵感则是来自比目鱼。

生活在水里的比目鱼可以像变色龙那样变色，并且做得更好。在某个人完全融入他所在的环境时，我们也许应该叫他“比目鱼”，而非“变色龙”，虽然这话听起来不像一种赞扬。比目鱼的皮肤上也有一些色素细胞，准确地说，是在比目鱼的上表面。虽然在表皮有色素这方面比目鱼和变色龙很相似，但比目鱼可以根据周围的环境改变其身体的颜色。比目鱼的下表面有感受颜色的传感器，上表面则可以变色。如此一来，比目鱼在游动的时候，就可以把身下的环境像照相机一样照下来，再把颜色、光影等信息反映在上表面，从而和背景融为一体。

说到人类的隐形装置，最好的方法可能就是利用比目鱼的保护色机制了。坐落于韩国首尔郊区的无限塔将成为世界上第一座隐形大楼。1 500 英尺的高塔周围，有 3 台摄像机全方位取景。这些摄像机捕捉到的信号由计算机进一步处理，并利用塔外的LED照明技术营造隐形的效果。整个建筑就像一个巨大的LED屏幕，投射出塔周围的景色，看上去这个塔仿佛消失了一般，最多只呈现出一个模糊的轮廓。但是，为什么要让一个巨型建筑隐形呢？特别是这个塔的高度足以影响低空飞行的安全。但是，这个想法确实让人眼前一亮。

显然这个原理和比目鱼的自我保护机制非常相似，至少比网上视频中常见的"隐形斗篷"更接近。隐形斗篷在几年前就被日本横滨庆应义塾大学的工程师馆暲实现了。他将摄像机置于人身后，并拍摄下后面的景象，投射在斗篷上，斗篷表面有一层细小且反光率高的珠子，使得投射在斗篷上的图像和自然光非常接近（投射总会遇到类似的问题）。但是，隐形效果是静止的，而且只能从特定的角度才能观察到。更重要的是，这样的隐形斗篷不仅需要斗篷本身，还需要一系列的外接设备。

隐形作为经典的魔术桥段已存在超过100年的时间了，而且魔术中的隐形效果远比现在的高科技手段要好。在物体的前方放置一个没有边框的镜子，物体前面和后面的环境需要非常相似，比如由灌木包围的大片草地。镜子上呈现出观察者身后的景象，如果所有东西都处于静止状态，观察者所在的位置也经过精挑细选，不会出现在镜子中，其效果就是镜子背后的物体仿佛隐形了一般，但这种隐形手法很容易被识破。

事实上，由于观察者会不断变化视角，将隐形设备后面的图像投射到前方的手段非常容易被识破。比目鱼则没有这个问题，比目鱼的身型扁平，身上呈现的只是身下的颜色，并不是真实的三维图像。隐形设备若要展现真实复杂的三维环境，问题就会接踵而至。

一个难题是如何做到使隐形设备经得起任意角度的观察，即使观察者绕着隐形物体走一圈，也不会从某个角度看到它。这也许是最容易突破的技术难关，因为以现在的电子技术，微小的摄像机和LED灯可以交叉排列，使得每一面都可以呈现另一面的景色。这个设想由意大利摩德纳大学的佛朗哥·赞博内利提出，密布的摄像机和微型显示元件可以通过本地无线网络相互连接，不需要外接电线。

另一个难题是，观察者在走动的时候，其观察到的景象会发生变化。如果用普通大屏幕上的LED装备（就像首尔的摩天大楼那样），微型显示元件是无法做到“移步换景”的。为了让隐形效果更加逼真，每个微小的显示屏必须按照特定的角度排列，才能形成180度的全视野。现有技术还无法实现这一点，多角度观看装置有可能会解决这个问题。

以上谈到的隐形斗篷不过是一种增强型的短距离成像电视系统，是隐形技术在中短期内有可能实现的最佳效果。它也许会在接下来的几年里大放异彩，其长期目标是利用“超材料”实现真正意义上的隐形。这些令人难以置信的材料利用了我们熟悉的概念——折射率。

当光从低密度介质进入高密度介质时，光会朝着入射点的垂线方向弯曲。光速被材料改变得越多，弯曲的程度就越大。这被称为“救生员原则”，因为光就像救生员一样，会走最快的通道。我们总觉得，在光滑的平面上，两点之间的线段最短，但这只在速度始终保持一致的情况下才成立。当发现有人溺水时，救生员会先在沙滩上跑，使游泳距离变短。因为不管救生员多么强壮，他们在沙滩上跑步的速度总是比在海里游泳的速度快。

光的另一个奇怪的特性是，光很懒（或者很聪明），它总是选择耗时最短的路线。如果光从空气进入水中，光会在空气中走更长的路径，使得进入水中以后到达终点的路径变短。这是因为光在空气中的传播速度更快，所以总用时更短。这个过程叫作“折射”。因为折射现象，水中的铅笔看上去好像折断了一样，这也是透镜的工作原理，透镜的特殊形状让入射光（从空气进入玻璃，再从玻璃进入空气）汇聚在一个特定的焦点。两种介质的折射率差别越大，光朝入射点的垂线方向弯曲的程度就越大。

在之前的几十年里，人们制造了一种折射率为负的“超材料”。这意味着，光会向远离入射点的垂线方向弯曲，而不是朝向垂线方向弯曲。我们因此可以用完全不一样的方法操控光的传播路径，比如让光绕着物体走。光朝着与隐形物体相反的方向弯曲，再绕回来，观察者看到的就是被“超材料斗篷”遮蔽起来的物体后面的东西，而不是物体本身。理论上，我们可以由此得到真正的隐形斗篷，甚至比电视剧和电影中的还好。但在此之前，仍有很多技术难关需要攻克。

从现有材料来看，这项技术与微波结合效果最佳。超材料的结构大小是由它要处理的光的波长决定的。微波的波长大约为 1 厘米，和波长更短的可见光相比，制造微波超材料要容易得多。可见光的波长只有微波的十万分之一，制造可见光超材料，技术上的难度要大得多。可见光超材料虽然可以用制造计算机电路板的方法实现，但想要最终制造出隐形设备，技术上还不可行。

现有的隐形设备只能用于从单个角度观察小物体，终极隐形设备则要用于从任意角度观察任意大小的物体。最后，我们要面对的问题不是物理学的障碍，而是工程设计的限制，真正的大规模可见光隐形设备不在我们现在的能力范围内。

最好的隐形设备应该非常务实，不是追求完美，而是在力所能及的范围内实现最好的效果。致力于让军事设备隐形的工程师意识到，让物体长时间消失在人们的视野中是不可能的，所以他们想出了另一套方法。比如，隐形飞机并不是让飞机消失，而是让飞机的信号变得非常微弱，像自然界中的物体，这样雷达就不会捕捉到飞机的信号。更巧妙的是，英国宇航系统公司利用欺瞒夜视仪的方法成功使坦克隐形。

通常来讲，坦克是夜视仪监测的绝佳目标，因为坦克的引擎总在工作，它的大铁壳比周围的环境更热。在夜视仪中，坦克就像一个红灯笼。英国宇航系统公司解决了这个问题，但它并没有让坦克消失，因为这几乎是不可能的。相反，该公司将一系列可加热、可冷却的六边形平板置于坦克的外表面，把坦克转变成汽车的模样。于是，从红外夜视仪看过去，坦克就像一个有窗户有轮子的家庭轿车。坦克的真实外形消失了，红外设备虽然检测到它，但它看上去是一辆没有威胁的小轿车。让坦克消失当然不可能，但可以让坦克看上去毫无威胁性。

威尔斯笔下的隐形概念是通过改变细胞结构让一个活生生的人消失在你眼前，这即便在今天也是不可行的。就算可行，这个方法也不可取。但是，相较本书提到的大多数其他科学技术，隐形技术在某些方面算是和科幻作品中的原始想法很接近了。

和制造智能机器相比，让某个东西隐形对于现代科技来说更容易。我们现在人手一台的智能手机，其功能已经超出了许多早期科幻作品中比房子还大的计算机，但是真正的人工智能似乎仍然遥不可及。

第 17 章

人工智能

我为数不多的儿时记忆主要来自照片、视频和家人口中的故事，但我却清楚地记得去电影院看《2001 太空漫游》的事（我当时才 12 岁）。那家电影院拥有当时风靡一时的超宽屏立体屏幕，这种超宽屏的出现是为了把观众从电视节目中拉出来，让他们走进电影院，但它很快就过气了。这种播放格式需要 3 台 35 毫米规格的摄像机同时摄影，并在 3 块屏幕上同时播放，昂贵的门票让观众望而却步。《2001 太空漫游》是用潘那维申超 70 毫米摄像机拍摄的，是一种更简化的版本。这种拍摄手段只需一台 70 毫米的摄像机，虽然少了一些炫酷的立体声效果，但仍需要在昂贵的超宽屏影院播放。所以，我们当时在电影院看到的是 2.76：1 的屏幕比例，而不是现在普通电影的 1.78：1。

电影一开始是“人类的黎明”部分，早期的人类刚开始学习使用工具，看着屹立在眼前的黑色巨石不知所措。这段情节对于当时还年少的我来说，既漫长又无聊。后来电影中出现了宇宙飞船，我才开始进入剧情。在今天，虽然好莱坞有各种成熟的视觉特效，但再看一遍《2001 太空漫游》，我还是会为电影中神奇的视觉图像惊叹不已。要知道，这部电影诞生时还没有计算机合成图像技术，它完全是靠电影特技制作人员的鬼斧神工。空间看起来这么真实，太空中没有一点儿声音（这个细节即使在很多当代的电影里也常被忽略）。在登陆木星的桥段中，通过旋转产生的人工重力环境也非常逼真。

理论上，人工重力环境是一个类似轮子的结构，通过不断旋转产生了人工离心力，所以宇航员的“下”就是轮子向外的方向。影片中的宇航员在轮子的外圈上随意行走，从头朝下到头朝上（从我们的视角看），这一切都是在不借助电脑特效的情况下实现的。在现实中，这个设计并不成立。我们确实可以用这种方法产生加速度，根据爱因斯坦的理论，加速度和重力其实是一回事。很多人都看过这样一种娱乐演出：演员在一个鼓内高速骑行，然后板子被抽走了一些，但人们仍然会紧紧地贴在鼓壁上，就是因为高速旋转产生了引力。但这样的演出会让人头晕。除非圆周轨道非常大，绕一圈超过半分钟，演员的眩晕感才不会特别强烈。为了产生类似地球重力的加速度，圆周轨道需要超过 500 米（1500 英尺），所以《2001 太空漫游》里的轨道太小了，但它的原理是正确的。

在当时没有电脑特效的情况下，做出如此逼真的空间转轮实在令人称奇。美国导演斯坦利 · 库布里克在位于伦敦的博勒姆伍德电影制片厂搭建了巨大的转轮。电影中的演员好像走在静止的人行道上，但事实上，他们始终处于转轮的底部，就像中世纪的人力踏车或者小仓鼠的跑轮。因为摄像机和轮子同步运动，所以从视觉效果上说，周围的环境都是静止的。这个机制有一定的危险性：演员在轮子里遗落的物品可能会随着轮子运动到高空再坠落下来，更严重的则是灯泡被甩飞并发生爆炸。有一次还差点儿酿成了惨剧：一个被甩飞的大扳手只差几英尺就击中人工智能科学家马文·李·明斯基。据明斯基说："库布里克吓呆了，当时就开除了一名布景人员。"

这部电影里的宇宙飞船和其他科幻电影里粗糙的飞船也不一样。其中，泛美世界航空公司控制火箭发射和空间站，贝尔飞机公司运营视频电话（在想象的未来世界里植入现实的品牌），这样的情节设定非常引人入胜。但最吸引我的是超级计算机Hal，可以和人交流的HAL 9000计算机操控着发现号宇宙飞船（计算机的名字应该是Hal还是HAL备受争议，本书中用HAL 9000表示计算机的型号，用Hal指代计算机）。在那个时候，除了在科技电视节目里，我从未在日常生活中见过计算机，虽然之后没过多久我就拥有了属于自己的计算机。我的这台计算机型号是Digi–Comp I，它不具备像Hal那样的智慧，也没有不会眨的眼睛和冷静的声音。我的计算机只是一台机械设备，它可以通过抽拉一个塑料板来操控。

Digi–Comp I包含3层水平的塑料板。通过在这些塑料板侧面插上一些吸管粗细的销棍，我们可以对这些塑料板进行"编程”。销棍可用于绊住机器侧面一排可水平摆动的垂直长杆。当操作人员反复推拉机器的控制杆时，销棍的有无会决定垂直杆是否摆动。垂直杆的摆动会触发一个二进制的机械显示器进行 0 或 1 的显示切换。就这样，通过巧妙安排销棍的位置，你可以在Digi–Comp上编程，让它执行“与”“或”“非”这样的逻辑运算。这是为超级极客设计的玩具，但要把它和HAL 9000 联系在一起，还需要很多想象力。

虽然那时的我听说过泛美世界航空公司和贝尔飞机公司，但我并不知道 20 世纪 60 年代的计算机巨头IBM，也没有把电影中的计算机和生活中的IT（信息与科技）公司联系起来。库布里克指出，HAL 9000 和IBM 7000 计算机类似；IBM 7000 于 20 世纪 60 年代面世，是第一种使用晶体管的计算机。另外，按照字母表，HAL的每个字母后面的字母组合起来就是IBM。作为剧本的主要创作人员，作家阿瑟·克拉克和导演斯坦利·库布里克都否认这是故意的安排，但其他人都觉得凭空想出HAL的概率实在太低，IBM和HAL肯定脱不了干系。还有一种说法是，HAL是“启发式编程算法计算机”（Heuristically programmed ALgorithmic computer）的首字母缩写，但其实这个词缩写成HAC或HPA更合适。

克拉克特别声明说：“我为这件事感到无比尴尬，我觉得IBM公司也深受其扰，虽然IBM在电影的制作过程中给予库布里克很多帮助。”克拉克也承认，随便挑选 3 个字母并组合在一起有 17 576 种不同的可能性，随便为计算机取名为HAL确实不能让人信服。事实上，他并没有仔细考虑这个概率，因为随便取3个字母产生的组合有17 576（26×26×26）种，这个数字太大了。世界上有很多其他类似IBM的名字，比如JCN（按照字母表，取HAL中每个字母的前一个字母）、IBC或者JBM。事实上，如果想让计算机的名字听起来更像人名，那么3个字母的人名真的太少了，比如吉姆（JIM）、麦克（MAC）、萨尔（SAL）、萨姆（SAM）、汤姆（TOM）。所以，HAL也许就只是作者灵光一现想出来的名字而已。

就像很多科幻作品中对未来的描写一样，Hal在某些方面过于高级，而在另一些方面却非常落后。虽然这部电影中的科技现在看来仍然颇具未来感，但这些技术的设计师（可能就来自IBM）并没能准确预测计算机成像技术的发展。月球飞船的飞行甲板上的导航设备，还有Hal和宇航员弗兰克·普尔玩国际象棋的屏幕，都很像20世纪80年代早期家用电脑呈现的样子。

从另一个方面看，Hal展现的人工智能远超2015年的技术，它可以像人一样做出回应，而且这个故事发生在2001年。Hal甚至可以表达复杂的情绪，事实上，电影中的这台计算机比其他任何角色都更情绪化。1997年，人工智能先驱马文·明斯基在一次采访中对Hal做出评价，他说类似技术“在4—400年里会成为现实”。这个陈述非常朴实，也是对未来科技的发展做出的比较正确的预测，即使他提到的最短时间有点儿过于乐观了。

IBM的研究员——“深蓝”团队成员默里·坎贝尔检测过HAL 9000的思考能力。“深蓝”是一台IBM制造的最早的会下国际象棋的超级计算机。这个系列最早被命名为“深思”，和《银河系漫游指南》中的超级计算机同名。“深蓝”于1995年面世，两年后，升级版的“深蓝”在一个6局的比赛中战胜了国际象棋世界冠军加里·卡斯帕罗夫（一年前，“深蓝”只赢了他一局，但输掉了整场比赛）。就像电影中的情节，Hal和宇航员弗兰克·普尔也玩国际象棋。出于某种原因，人们在相关技术还无法实现时就有对机械象棋手的憧憬。早在18世纪60年代，一个举世闻名的科幻设备面世，它就是匈牙利男爵沃尔夫冈·冯·肯佩伦设计制造的土耳其行棋傀儡。

这个复杂的自动化设备包括一个国际象棋棋盘，和一个与之相连的穿着华服的人偶。人偶会接受人类象棋手的挑战，并在多数情况下取胜。这个机械的土耳其行棋傀儡比肯佩伦还“长寿”，并在大西洋另一边的美国大放异彩。土耳其行棋傀儡的一生跌宕起伏，在世界上存在了80年。那时候的科技水平是不足以实现这么复杂的智能系统的，所以这个设备里面肯定还有其他机关，后来被证实确实如此。土耳其行棋傀儡里面有个小隔间，一名小个子的象棋大师藏在里面，通过一系列的控制杆，操控行棋傀儡下棋。

最早的有关自动化下棋设备的可行理论分别来自于现代计算机科学鼻祖查尔斯·巴比奇和艾伦·图灵。巴比奇设计了一个可以用来下棋的机械化、可编程的电脑“解析机”，但这个设备从未被制造出来；图灵编写了简单的下棋程序，但这个程序也从没有在计算机上运行过。20 世纪 50 年代，信息理论家克劳德·香农提出了更多的想法。香农利用数学家约翰·冯·诺伊曼的极小化极大原理，为不同的走法赋予一系列不同的值，然后计算出最佳策略。香农从未编写出可行的程序，但在拍摄《2001 太空漫游》时，大型计算机上已经出现了非常粗糙的下棋程序。随后在 1973 年，戴维·斯莱特和拉里·阿特金编出了“国际象棋 4.0”，这是第一个可以在计算机上执行的、行之有效的象棋下棋程序，而且可以击败大多数普通棋手。

现在的计算机当然可以击败象棋大师，从“深蓝”击败加里·卡斯帕罗夫起，这一点就毋庸置疑。智能手机上的普通象棋软件也能轻松击败普通棋手，但是“深蓝”专家坎贝尔指出了一个阿瑟·克拉克和斯坦利·库布里克不太可能想到的 Hal 和弗兰克·普尔对弈的细节，那就是人类棋手和计算机会用迥然不同的方式下棋。人类棋手在对弈中展现出一种智慧：人类可以把规则、策略和经验整合在一起，在此基础上考虑接下来的走法，这种整体分析能力是计算机所不具备的。

相较之下，类似于“深蓝”的高水平计算机并没有真正意义上的智慧，计算机做的只是在短时间内得出上亿种不同的走法，为不同的走法赋值，然后考虑哪种走法最优。“深蓝”并不“理解”象棋，也不理解“兵”是什么，或者哪些才算妙招，“深蓝”只会给出后续的可能走法，并通过赋值权衡这些走法的优劣。如果计算机真的可以考虑到所有可能的结果，它看起来也许是不可战胜的。但事实上，这是不可能的，因为象棋棋子所有位置的组合数量可能比宇宙中所有原子的数量还要多。

通过研究电影中30秒左右的象棋对弈片段，像坎贝尔这样的专家可以看出来Hal是哪种类型的棋手——像人还是像计算机。答案是，它的思维方式更像人类，这显然可以使它轻松击败普尔。一台性能普通的个人电脑上现成的象棋软件也可以轻松做到这一点，并不需要真正的人工智能。然而，电影中的Hal还展示了类似人类的行为。导演库布里克用了1913年在德国汉堡真实发生过的棋局，原因在于，作为象棋爱好者的库布里克想让棋局更加真实。

尽管坎贝尔这样认为，但电影中Hal的下棋方式并不能证明它有真正的人工智能。从理论上说，这样的下棋方式可以由事先输入了上千棋谱的“深蓝”或者其他大师级的象棋软件实现。虽然某盘棋也许不在“深蓝”的数据库中，但Hal完全有可能有1913年的那局棋的相关信息，并在开局的时候利用了棋谱的走法（如果Hal连上网络就更有可能了，然而编剧克拉克和库布里克在那时绝不可能想到这一点）。但是，普尔不会按照1913年失败一方的走法一直走下去，而且在真实情况下，棋局肯定会有所改变，但最后的结果有可能不变。

简单地再现已经发生过的棋局并不实际，而且这也不是

“深蓝”或者其他会下象棋的计算机的目标。坎贝尔指出，程序往往会认定它们的对手也会用最佳走法。可是类似的游戏也包含陷阱圈套，也就是说，普尔也许会故意选择非最佳走法。类似的陷阱走法对计算机来说很陌生，正因如此，坎贝尔说Hal是在用真正的智慧下棋，或者相比典型的象棋程序，Hal会更多地利用已有的棋谱。

虽然下象棋确实证明了Hal的智能，但下棋并不算是多功能计算机的一个重要功能。下象棋或许能愉悦身心，但它并不能让飞船持续飞行，也不能让船员保持健康。Hal的另一个令人印象深刻的类似人类的能力是口齿清晰的谈吐。在电影中，让配音演员读出Hal的台词固然不难；但在现实中，让机器有能力进行有意义的谈话交流何其困难。在制作电影《2001 太空漫游》的 20 世纪 60 年代，我们对机器能进行智能谈话的预测太过乐观。

这里面有两个大的技术难关和一个小的技术难关，其中小的难关是让Hal流利地谈话。机器人式的讲话方式已经成为物理教授和媒体宠儿斯蒂芬·霍金的标志性声音，虽然现在的语音系统日新月异，但霍金还是沿用了这个有高度识别性的系统。尽管声音生成器和人类声音的区别仍然比较明显，但现在的声音生成系统完全可以清晰流畅地阅读几乎所有文本。

我在使用车载导航仪的时候就切身感受到了这项技术的发展。第一代系统基本上是按音节发音，第二代就好多了，但不能准确念出比较复杂的类似“赛伦塞斯特”的地名，还会把名为11A的路口念成“十一啊”。现在的第三代系统可以轻松准确地念出所有地名，而且发音与真人无异。另外，虽然《星际迷航》和《2001太空漫游》几乎是同一时间拍摄的，但是《星际迷航》里的计算机语音系统比Hal要生硬得多，即便《星际迷航》描绘的是2251年左右发生的事情。在真实的世界中，刚进入21世纪，GPS语音系统就足以和真人发声相媲美了。

人类对无生命物体能说话的幻想可以追溯到荷马的年代，那是中世纪最有名的谣言之一——会说话的铜人头像。铜人头像的所有者是早期的一些科学家，包括10世纪法国教皇西尔维思特二世，13世纪巴伐利亚的大阿尔伯特，和英国的罗杰·培根，他们在当时常被视为有法力的魔术师。事实上，罗杰·培根对故弄玄虚的魔术师深恶痛绝，更倾向于从科学的角度观察世界。在他死后，他的事迹一度被神化。在16世纪，他的奇闻逸事被写成故事公布于世，即《著名修士培根的历史》(*The Famous Historie of Fryer Bacon*)。这本书中提到了培根建造铜人头像的想法：

> 修士培根了解了英国被侵略数次的历史后，开始思考如何能保卫英国在未来不受侵略，并让自己因此永垂青史。在搜集和阅读了大量资料后，他认为保家卫国的最好办法就是制造会说话的铜人头像，保护英格兰的城墙。

在真实世界中实现类似的想法需要一些时间。想起来容易，但是做起来就难多了。有历史记载的最早的会说话的机器出现于1779年。一个名叫克拉施泰因的人制造了一台复杂的机器，向这台机器中吹入空气，经过类似于人类喉咙的机械结构，它就会发出类似元音的声音。12年后，设计制造土耳其行棋傀儡的沃尔夫冈·冯·肯佩伦设计出会说话的乐器。这个乐器也是利用了共振结构，可以通过手动操作让其发出元音或者辅音。这和网络视频中主人用手扒着“会说话”的狗的下巴，让狗发出“sausages”（香肠）的声音没有太大差异，肯佩伦的机器也能清晰地“说”出单词。

在整个19世纪和20世纪初期，改进版本的声音生成器不断推陈出新。最成功的例子是贝尔实验室于20世纪20年代推出的声码器。声码器可以用来给信息加密，或者把普通的语音压缩为特定频宽的格式。但是声码器的设计过于复杂，并没有得到实际的应用。

计算机除了发出声音以外还有其他潜力。在信息技术的历史上，让计算机发出声音是非常原始的想法。计算机科学家艾伦·图灵在曼彻斯特大学的计算机上首次用程序生成音乐。那台计算机连接着一个扩音器，当计算机出错的时候，一声警报会随之响起。图灵意识到，他可以对这个功能进行编程，让它产生微弱的嘀嘀声。如果一秒钟内的播放频率可以达到1 000次，嘀嘀声的不同频率就会产生不同的音调。虽然这项技术常被误认为是贝尔实验室于1957年发明的，但是第一段由计算机生成的音乐的确是出现于1950年曼彻斯特大学的“自动计算机”（ACE）上，由图灵手动编程实现的（图灵只是想用不同的音调表达不同的反馈信息）。

虽然在拍摄《2001太空漫游》电影的时候，已经有很多关于语音系统的理论，但却没有太多关于如何生成合成语音的研究。20世纪70年代以后，计算机越来越便宜，计算机语音系统的商业潜力也随之越来越大。从20世纪70年代英国物理学家斯蒂芬·霍金使用的声音生成系统到当代更加先进的语音系统，电子发声技术与时俱进。但要想让计算机像Hal一样与人交谈（电影中的Hal毕竟是由真人配音），我们还有很长的路要走。

语音合成技术固然重要，但让计算机按照声音指令做出反应在技术上更困难。我们已经实现了一些技术突破。毕竟，手机上安装的导航系统清晰易懂，语音助手Siri也能按照我们的语音命令做事。但是，手机并没有Hal那么复杂的结构，也没有Hal储存和处理大数据的能力。

仔细想想，Siri的交流能力其实非常有限，虽然Siri的设计者设计了一些有趣的问答。当我对着手机说“把舱门打开，Hal”（电影中，说这句话的宇航员戴夫·鲍曼直面Hal，穿着太空服但是没戴头盔）时，Siri的回答呼应了电影的场景：“没戴头盔的话，我开门你会……喘不上气的。”当我让Siri像影片结尾的Hal那样唱“黛西，黛西”时，Siri说：“你不会喜欢的。”

制定时间表、在网上查信息、导航、放音乐，诸如此类的功能让Siri更像一个电子秘书。Siri并不能真正和人对话，它不理解词语背后的真正含义，也不理解音调不同会产生不同的意思。虽然Siri的语音识别能力很强，但有时候它也会遇到困难。Siri不能很好地识别不标准的口音，现在的语音识别系统都不太能有效地识别英国格拉斯哥或者美国缅因等地区的口音。语音识别系统还必须有能力处理我们在平常说话时下意识使用的俚语和连音。

这并不是说，机器不可能理解人类的语言。下面这句话是我利用苹果电脑的内置语音系统录入的："the factors as you can see it can slip up（就像你看到的这些因素，语音识别系统并不总是有效）。"但我实际上说的是："But the fact is, as you can see, it can slip up（事实上，就像你看到的，语音识别系统并不总是有效）。"类似于"但是"一类的转折词会把一句话一分为二，然而，"fact is"（事实上）和"factors"（因素）在英式英语中的发音非常相似。现今的计算机语音识别系统可以达到99%的准确率，尽管如此，相较于人类，计算机在语音识别方面还是很容易出错。优化语音识别的方式之一是，让软件识别某个人的发音技巧。

计算机面对的一个问题是，无法理解上下文。我们在听某个人说话的时候，会习惯性地把某个词语放在整个对话的背景中去思考它的意思。有些同音字必须得借助上下文才能准确理解意思。这一点在跨语言互译方面尤其重要。如果我对着计算机阅读文字，那么我一眼看过去就能发现同音字错误；但如果我只是在听自动翻译机器的翻译，那么我不可能知道哪儿出错了。科幻作品中常常出现这样的翻译机器，比如《神秘博士》中由塔迪斯发明的宇宙通用的心电转换器。翻译必将成为计算机语言能力的重要方面。

Hal绝不是一个译者，但我完全相信它有翻译的能力。手机上的谷歌翻译可以或多或少地完成信息分析的工作。我对着手机说："最近的超市在哪儿？"手机屏幕上准确地出现了这句话，或者手机会大声复述我的问题。这一切都让我清楚地知道，我会得到我想要的答案。也许这句话并不算日常用语，可是手机知道我想问什么。对话肯定更加复杂，在对话的背景下，谷歌翻译就不那么可信了。在联合国大会上，现在还不能只靠机器翻译推进多方会谈。

包括加拿大发明家亚历山大·格雷厄姆·贝尔在内的很多人都尝试过用机械的方法分解语音（当然，罗杰·培根的铜人头像之类的东西应该不仅能分解语音，还能理解语义），计算机的出现让这一切成为现实。1952年，贝尔实验室制造出第一台语音识别器。好消息是，这台识别器的准确率可以达到97%；坏消息是，这台机器只能识别数字。这个问题在日常生活中的电话自动答复系统中也颇为常见，并广受诟病。

20世纪90年代末期，语音识别专家雷·库兹韦尔论述了

Hal的能力，并称有望在2001年前在个人电脑上实现语音操作功能。但是，这样的语音操作系统并没有得到普及。库兹韦尔的计划比他预想的慢得多，甚至可能永远不会实现。虽然苹果台式机上自带的语音操作系统很好用，但我却不经常使用。很多用苹果电脑的人甚至不知道自己的电脑里有语音操作系统。

这是因为语音识别的先驱者过于关注分解语音，而忽略了这项技术也要有些实际的用途。我们当然可以问电脑，“我明天的时间安排是什么”，但如果你的身体没有不便，打字肯定比对着电脑说话更简单。对于我们中的大多数人来说，电脑的语音操作功能不是一个自然的过程，因为电脑不像人类的秘书那样灵活机动、随机应变，我们也不会自然地说出完整、缜密的可行性命令。

如果软件不仅可以把声音转换成文字，还可以有效理解文意，情况就不一样了。理解文意从技术上来说非常难。Hal听到声音后，可以解析其中的含义，并做出相应的回复或者执行指令。现在常见的车载语音系统则常常会错意，因此成为喜剧里常见的笑料。在没有干扰的情况下对着电话的麦克风清楚地提出问题是一回事，边开车边在嘈杂的环境中对着车载语音系统说出指令又是另外一回事。在通常的对话环境中，中途打断最简单的语句也可能会造成误解。

一个能真正理解语句的计算机必定有很多用处。在20世纪80年代，由百事公司前总裁约翰·斯卡利领导的苹果公司常被批评，直到史蒂夫·乔布斯回归掌舵，苹果公司才重拾创造力。但是，在斯卡利仍在位的1987年，苹果公司在某段视频短片中提出了“知识领航员”的模糊概念。“知识领航员”是一个个人电子助理，但是和Siri不同，“知识领航员”可以理解复杂的命令，比如“让我看看上学期的笔记”，或者搜索某篇论文，甚至是某个朋友刚发表的一篇相关文章。短片中展现的一些其他功能，比如复述行程安排，确实有些过时了，但是“知识领航员”展示出了解析语义并据此行动的能力。

Hal比“知识领航员”的行动力更强。Hal在日常交谈中和真正的人类无异。在日常交谈中，语境远比遣词造句重要。在过去的几十年中，让计算机语音系统十分困惑的句子是“Fruit flies like an apple”。对这句话进行语音识别并不难，我是用苹果电脑自带的语音系统录入这句话的。但这句话到底是什么意思呢？不考虑语境将很难说清楚。你可以理解为“果蝇喜欢苹果”，也可以理解为“水果能像苹果一样飞”。

这种特殊的句子不会经常出现在对话中，然而毋庸置疑，让计算机仅通过对话去理解人们想表达的意思有一定困难。计算机科学家艾伦·图灵提出了判断机器是否具有智能的测试方法。机器和测试者分处两个房间，测试者通过提出问题来判断位于另一个房间里的是人还是机器。（图灵最早提出的测试方法更加复杂，以上是简化的做法。）在之后的几十年里，计算机科学家尝试挑战所谓的“图灵测试”，计算机通过图灵测试的报道屡见不鲜。事实上，计算机从未通过图灵测试，这可能还需要10—20年的时间才能实现。

虽然电影中的Hal肯定可以通过图灵测试（但电影中少言寡语的宇航员戴夫是否可以通过图灵测试就不好说了），但是现有的图灵测试的结构决定了它的可信度并不高。现有的图灵测试并不能检测图灵当年提出的计算机类似人类的交流能力。图灵测试的常用流程是，机器和测试者完成一段5分钟的谈话，如果机器在超过30%的时间里被错认为人类，就意味着机器“通过”了图灵测试。因此，许多软件并不是为了实现和人类的交流而设计的，它们只是为了通过测试。

聊天机器人的鼻祖之一是名为“伊莉莎”的软件。《2001太空漫游》上映不到两年，伊莉莎面世。它的程序很短，但却可以进行还算合理（有时也让人着急上火）的对话。这个程序取巧的办法在于，它扮演的是心理医生的角色，所以它会复述你对它说的话，但它不提供新的信息，也不回答你的问题。考虑到伊莉莎只有不到400行程序代码，它的功能已经足以让人啧啧称奇了。

类似的项目进展迅速。（这并不出人意料，在我写作本书时，伊莉莎已经出现将近50年了。）2014年，一个叫作“尤金·戈斯特曼”的程序假扮为一个英语非母语的13岁乌克兰小男孩，通过了图灵测试。但我没能找到戈斯特曼聊天程序，于是我和另一个技术领先的聊天程序Cleverbot有了如下的对话：

布赖恩（本书作者）：喂，你好吗？

Cleverbot：我很好，你呢？

布赖恩：就那样，天气实在太热了。

Cleverbot：你为什么不喜欢热呢？

布赖恩：因为它让我觉得不舒服。

Cleverbot：这个理由太逊了！

布赖恩：为什么这么说？

Cleverbot：我几岁了？

布赖恩：我怎么知道？

Cleverbot：因为你是我的电话！

布赖恩：你怎么看叙利亚的情况？

Cleverbot：什么情况？

布赖恩：你不看新闻吗？

Cleverbot：我没有电视。

在谈话即将结束的时候，Cleverbot用了一个经典的逃避对话的办法，而一个真实存在的人不太可能通过否定信息的来源来终止可能出现的话题，这表明Cleverbot肯定不是一个真人。

在我写作本书的时候，即便没有电视，任何人也肯定会或多或少地对发生在叙利亚的事情有所耳闻，叙利亚战争是各类新闻的焦点。但上述对话展现了聊天机器人惯用的交谈模式，几乎立刻暴露出它不是真人的事实。对“为什么”这个问题，聊天机器人做出了无厘头的回答；在我反问它我怎么会知道它的年纪的时候，它更是答非所问。其实聊天机器人很容易在谈话中暴露自己的身份，而许多专家竟然会以为这些程序是真实的人，这让我难以相信。我从来没有和聊天机器人进行过超过5分钟的谈话，每次谈话都以机器人用以上交谈模式暴露自己的机器身份而告终。

当然，Hal的交流技巧比聊天机器人强太多了。Hal不仅可以通过图灵测试，还可以进行如真人般的交谈。Hal的讲话方式让我们感觉它是拥有智慧的——人工智能，这种智慧和人类的智慧非常相似。在现实生活中要想实现类似Hal的人工智能，我们还面临着很大的挑战。自从20世纪80年代起，实现人工智能主要通过两种方法：其一是专家系统，其二是神经网络。（当然，除此之外还有很多其他的方法，但是这两种方法是人们试图赋予计算机智慧的典型方法。）

专家系统巧取豪夺人类苦心掌握的技术和知识。（如你所料，采用这种方法的公司肯定不会据实以告，并且会精心包装它们的产品。）首先是知识引导的过程，也就是向各个领域的专家提出大量的系统问题，目的是把多个专家在各个领域的知识整合起来，建立一个强大的数据库。然后这个数据库就可以代替专家，全天24小时为客户提供专业信息。现在看这个方法，很难相信有人真的认为它可以有效代替真正的专业知识。

这种方法的问题显而易见，首先是专家配合度的问题。“如何煮鸡蛋”这样的简单问题可以用简洁、准确、全面的信息回答。在设计初期，很可能就是用这种问题测试所谓的知识引导过程的。但如果对医生或者火箭专家进行类似的“知识引导”，问题就会接踵而至。即便是配合度高的专家也会为解释行业内的默认基础知识而苦恼，更实际的问题是，即使专家有能力解释清楚所有细节，他们又为什么要这么做呢？专家系统的提倡者称，这个系统可以把专家从循规蹈矩的无聊工作中解放出来，让专家们可以把更多的时间花在有挑战性的、有趣的工作上。但是，专家们大多对这些据说可以替代他们的机器持怀疑态度，认为机器的“回答”肯定不是最佳的。

专业技术无疑非常复杂，知识的本质绝不只是信息和思路。知识包含反馈的过程，即把之前的知识和技术融会贯通。知识还包含一定的创造力，复杂的信息网、新信息带来的灵感、信息间的关系都使提取和整合信息变得无比困难。信息之间错综复杂的关系也很难被有效地利用。

虽然问题很多，但专家系统并未绝迹，它们最终被专门用于处理一些复杂版的“如何煮鸡蛋”的问题。现在你很可能只能在机器回复的电话中心和诊断计算机故障的程序中见到专家系统，这让全世界的专家们都松了一口气。一个基于专家系统的HAL 9000永远也不可能取代专家，因为他们的专业知识不可能被提取和整合到一个数据库中。

专家系统试图让知识形成逻辑层次，但众所周知，人类的大脑和传统的数据库非常不同。所以，人工智能的另一种实现方法——神经网络有更持久的价值。神经网络的设计者模拟神经系统在大脑中的功能，而不是让计算机整合一系列的规则。在神经网络的需求输入端和结果输出端，遍布着一系列的虚拟神经元。这些虚拟神经元有点儿像一座复杂的迷宫里的各种各样的通道。计算机一次可以走完所有通道，不同的通道有不同的权重，从而对最终决策产生或多或少的影响。

一开始，这些权重要么完全相同，要么是设计者确定的值。神经网络和生物的相似之处是，神经网络可以从“错误”中学习。如果在学习的过程中，人工智能程序做出了不合理的决定，那么它会自动更新与之相关的权重。一段时间之后，神经网络就会达到一个能给出正确答案的水平。简而言之，神经网络通过反馈优化输出。

毫不意外的是，现有的神经网络远比不上人类的大脑。大脑包含约 1 000 亿个神经元，每时每刻都有 1 000 万亿个节点把这些神经元连接在一起，而普通的神经网络只有几百或几千个类似的“节点”。人类大脑中的神经元可以和数千个其他神经元相连，但是神经网络中的节点只能和几个其他节点相连。神经网络的规模完全不能和人类大脑相提并论，所以神经网络只能应用于小范围的、有局限性的人工智能领域，通过学习过程获得信息。神经网络常被用于传统编程力不能及的领域，比如模式识别。

现在人们已经达成共识（不是在20世纪60年代），让计算机拥有Hal的智力不能只靠单纯基于规则的系统，类似神经网络的方法肯定要用到，但还需要一些其他思路和方法。在电影的结尾，Hal变成了一个孩童的样子，这意味着Hal还要经历一系列的学习过程。其实只要一台HAL 9000完整地实现学习过程，其他计算机就可以复制HAL 9000的智能，但Hal的内心独白表明编剧并没有这个计划。

“计算机能否拥有智能甚至意识”，或者它们能否不断地提升模拟人类智能的水平，就像象棋程序学习下象棋，依然颇具争议性。这一系列的问题更像哲学问题，也给予了人工智能领域的科学家以无限启发。我们目前还没有确切的答案。有人说，Hal拥有的并不是真正的智能，至少在定义上不是。Hal展示的反而是缺少智慧的行为，比如Hal信誓旦旦地说，“9000系列计算机不会出错”。严格来说，任何有血有肉或者机械的个体，都需要从错误中学习，这样才能收获智慧。

Hal自称完美确实是个问题。学习的第一步是犯错，犯错也是像Hal之类的计算机获得智能的必经之路。获得智能的过程必然伴随着犯错的过程，但这种智能不是传统的数学计算。在数学计算方面，人类可能犯错，计算机却不会，即便是老式计算器也几乎不会在数学计算上出错。但是，在做出决定和进行交流的过程中，错误是不可避免的，因为智能设备只能基于不完备的信息做出判断。只有在充分且完备的信息的帮助下，Hal声称自己不会出错才有可能成立；在现实世界中，自称完人则是愚蠢的表现。

正因为如此，Hal的杀人行为不只是不理智的，更是它缺少智慧的表现。在电影中，Hal必须执行命令，实施秘密行动。Hal因此饱受折磨，压力无从释放，以至于为了解决这个问题，Hal杀死了其他宇航员。但是，杀人并不是Hal严格执行命令的最佳方法。Hal缺少权衡利弊的智慧，这对于计算机程序来说并不难。

科幻作品不仅会像《2001 太空漫游》电影里演的那样让计算机全权操控一艘宇宙飞船，有时候还会让计算机操控整个社会。计算机像个电子独裁者，试图构建一个德尔斐风格的政府。在詹姆斯·布莱什的《宇宙都市》系列作品中，宇宙都市远离地球，整座城市位于太空中，由叫作“市政议员”的计算机管控。作品对于这些计算机的描述有点儿滑稽。“市政议员”的概念比较落伍，它们是些大型的金属盒子，需要行驶在轨道上，并且通过物理连接才能交换、整合信息。它们之间没有网络，但却成功实现了一种良性独裁。

虽然每个城市都由人类市长管理，但这些“市政议员”计算机将判定人类市长是否尽职尽责。如果人类市长玩忽职守，“市政议员”计算机就可以简单地处决或者流放这名市长。布莱什试图制造一种联合效果，利用计算机刚正不阿、诚实正直的本性来确保政治体系的平衡。与此相反的是德尔斐体系，这个体系在约翰·布伦纳的作品、介绍当代信息技术概念的小说《冲击波骑士》(*The Shockwave Rider*)中被描绘得淋漓尽致。布伦纳利用计算机快速传递信息、进行数据处理的特性改变了民主的本质。政府更像网络投票和赌场的结合体，它会整合大众的反应，并对投注赔率进行考量。

这本书的名字借鉴了阿尔文·托夫勒于1970年出版的《未来的冲击》(*Future Shock*)。众所周知，虽然托夫勒的理论被证明是错误的，但是他的理论曾轰动一时，并且深深影响了一批科幻作家。他的理论正是基于20世纪50年代由兰德公司提出的德尔斐体系。在原始的德尔斐体系中，一群个体单独地做出决定或者给出答案。个体的意见被整合后，其结果会反馈给所有个体，让其有机会改变自己的意见。有证据显示，这个过程似乎比只听从某个人的决定要合理一些。

受到托夫勒的影响，布伦纳在书中提出政府可以利用德尔斐体系。政府的立法机关可以由所有人共同参与，而不是让几百个代表做出决定。人们的想法可以通过网络以一种类似打赌下注的方式反馈回来。经过德尔斐体系反复几次的问政咨询，人们(理论上)将会做出最佳决定。虽然人类个体有一定的智慧，但是真正实现德尔斐体系还需要有计算机网络，网络收集人们的想法并做出反馈。通过在体系中引入计算机，终极民主得以实现。其前提是，整个体系是保密的，并且系统程序编写合理。这个过程产生的民主可能不是我们想要的民主，但这又是另外一个问题了。当代的电子通信技术让我们可以很好地思考民主和暴民统治的区别。

计算机并不会统治整个世界，但是毋庸置疑，在过去的若干年里，计算机悄无声息地彻底改变了我们的生活方式。基于计算机的网络改变了我们的娱乐、购物和社交方式。计算机成为我们和世界接触的媒介，我们使用口袋计算机（也就是智能手机）进行导航、觅食、付款、沟通和娱乐等活动。计算机深刻影响着我们的日常生活。

一个简单的例子就是本书的写作过程。我从来没见过距我3 500英里的本书英文版的编辑。我用家里的电脑写出了这本书，上传云服务器做备份，这个服务器可能位于世界的任意角落。探讨与本书内容相关的文档和电子邮件翻越了千山万水。而且，越来越多的人都开始阅读电子书，你现在正在阅读的这本书，也许是经过无数电子形式，从我的电脑最终到达你的平板电脑或者电子阅读器上。

科幻作品让我们看到了不同版本的未来，有些基于计算机，有些与计算机无关。这也是科幻作品的迷人之处，探索让人感到惊心动魄的各种各样的可能性。我们并不局限于已知的事物，也不局限于我们认为有可能出现的事物；我们可以尽情探索“如果……会怎样”这个问题，继续在科幻书籍、电视节目、电影中探讨这个问题……新鲜的科技层出不穷，那么，未来的科幻作品中会有些什么？

第18章

明天的100亿个可能

科幻作品一旦有了好的立意或主题，往往就会长盛不衰。广义地说，科幻作品的题材可以分为两大类。在第一类题材里，有许多单纯为情节展开而出现的技术，这些技术不大可能会在未来成为现实，比如时间机器、反重力装置、超光速仪器，还有在任意距离实现即时通信的机器。对于第二类题材里的技术，我们现有的研究已经赶上甚至在有些方面超过了它们。在这本书中我们看到的大多是后者。我们要牢记，想象和新技术相辅相成。科幻作品可能在很大程度上还是要依赖传统和经典，但新材料、新事物总会蓬勃涌现。

我们常对科幻作品中出现的技术抱有鄙夷的态度。我们会说："哪里有飞车和射线枪？"事实上，如果我们比较当代的科技和早期科幻作家所处的环境，比如赫伯特·乔治·威尔斯和儒勒·凡尔纳所处的维多利亚时代，或者早期科幻电影创作者所处的时代，我们现在的生活在那时的人的眼里就是科幻作品，是科学技术让我们拥有现在的生活。在本书中，我们讨论了在比较短的时间里人类科技取得的巨大成就，科幻作品和科学的界限变得模糊，但科幻作家预言的未来和我们的日常生活有很大的不同。

在第1章我提到了阅读科幻作品的常见问题，那就是试图在现实生活中找寻科幻作品的对应物。科幻作品的目的并不是预测未来，一个证据就是2004年翻拍的1978年的电视剧《太空堡垒卡拉狄加》。1978年的版本只是为了追赶轰动一时的《星球大战》的潮流，2004年的翻拍版本则精致得多，如果忽略空间歌剧里常见的道具（巨大的宇宙飞船和硝烟滚滚的空间战争），那么它其实比《星际迷航》和《星球大战》系列严谨得多。

这也从侧面反映出基于未来的早期科幻作品中常见的纰漏，即一旦太空帝国中的基本设定固化下来，巨大的空间战舰就会以超光速前行，而其他技术却依然是20世纪的水平。没有相位枪，没有爆能枪，只有常见的使用子弹的枪械。威力最大的武器是核弹头，而不是光子鱼雷。通信技术更是落伍，大多数电话还都是座机。书是普通的书，纸也是寻常的纸。设计师有时也会跳出常规，比如，把所有文档的角变成不实用的圆角，游戏纸牌也由常见的四边形变成多面体。但是本质上，这些设计并没有太多新意，和我们生活中的物品大同小异。科幻作品中的人们甚至还穿着西服打着领带。

这一切可能是由于作家们的想象力有限，也可能完全是出于节省经费的考虑。但是，《太空堡垒卡拉狄加》这部电影中朴实的科技让观众更容易注意到它真正有意思的部分：人类和赛隆人之间的故事。一开始赛隆人和机器人的区别不大，后来赛隆人逐渐演化为有血有肉的生化人，和人类无异。没有《神秘博士》中的音速起子，也没有《星际迷航》里的相位枪和三录仪，这部电影着重于人本身。2004 年版的《太空堡垒卡拉狄加》中依然有“如果……会怎样”的科幻要素，但并没有受只存在于想象中的不切实际的技术的影响。

科幻作品中的情节和现实世界中的技术发展之间的关系错综复杂。科幻作家需要让他们的故事站得住脚。面对科学的限定和当代技术的局限性，科幻作家有 3 种选择。第一种选择是严格遵守限制，当代科技就是其故事创作的基础。

我们在科幻作品中可以看到实现星际穿越的不同方法。如果科幻作家决定不超越光速的限制，那么他们必须想出以接近光速的速度实现星际穿越的办法。另一种方法是，虽然星际旅行需要花费数百上千年，但是宇宙飞船可以非常巨大，容许几百人在飞船上实现群居和繁衍。后者被好几部科幻作品使用，包括英国的布赖恩·奥尔迪斯的代表作《温室》(*Hothouse*)，飞船上的人们甚至不知道自己生活在飞船上。

还有一种方法是让飞船的运动速度无限接近光速。狭义相对论告诉我们，无限接近光速的飞船上的时间会变慢，所以数百年的飞行时间对于飞船上的人来说只有几个月。飞行员回到地球上后，必须面对他们的亲戚朋友都已经过世的事实，这个场景在美国作家乔·霍尔德曼的作品《千年战争》中得到了详尽的描述。

科幻小说毕竟是小说，科幻作家不必只局限于已有的科技。所以，科幻作家的第二种选择是拓展当前已有的科技，去实现想象中的场景。在这种情况下，想象中的未来和现实的发展可能南辕北辙，或者殊途同归。科幻小说超前于现实的一个例子是太空电梯。

英国作家阿瑟·克拉克在小说《天堂的喷泉》（*The Fountains of Paradise*）里详尽地描绘了太空电梯。这个想法既简单又深刻。空间探索要克服的一个最大障碍是摆脱地球引力进入太空，整个过程需要巨大的能量。所以为什么不能在地球表面和绕地轨道之间建一个电梯呢？这样的话，人们就可以轻而易举地建设巨大的空间站了，只要把建材通过电梯送入轨道，就可以在太空里进行组装。太阳系探测船，甚至宇宙飞船，也都可以在太空里进行组装，根本不用考虑地球引力。

克拉克并不是第一个持有这个想法的人。早在1895年，太空科学先驱康斯坦丁·齐奥尔科夫斯基就提议修建一个能把物品直接送入地球静止轨道的塔，他可能是受到巴黎的埃菲尔铁塔的启发。在理论上，这是不可行的。地球静止轨道指赤道上方的正圆形地球同步轨道，距离地球35 750公里（22 250英里）。这么高的塔基本上不可能建成，塔的重力就会把自己压塌。

但这给克拉克书中的另一种太空电梯提供了灵感。自20世纪50年代开始，科学家和工程师就有了一个不同的想法。比起拔地而起建一座高塔，这种太空电梯更像从地球静止轨道上垂下的一根缆绳。这依然是一个巨大的工程。如果太空电梯是基于直径28毫米（1英寸多）的缆绳（钢缆），那么这根钢缆大概能承重50吨。但是，这根钢缆的自重已达11.5万吨。

从科幻作品的角度说，我们面对的都只是工程问题。用于太空电梯的既轻又有韧性的缆绳在理论上并不是完全不可能，我们现有的材料凯夫拉的韧度就符合要求，碳纳米管也可以胜任。所以，克拉克笔下的太空电梯是科幻作家的第二种选择的典型代表。

太空电梯的潜力毋庸置疑，在未来的某个时间点，也许我们会有合适的技术来实现它。现在，大量的工作都聚集于研发合适的缆绳材料以及克服其他技术问题，比如，沿绳攀爬的能源问题。（和传统的电梯不一样，太空电梯的缆绳保持不动，重物需要沿着静止的缆绳向上运动。）

类似太空电梯的概念还有《星际迷航》里的即时通信器，以及《2001太空漫游》中的泛美宇宙飞船。我们一度认为依据现在推测未来是十分合理的，但事实并不是这样。我们完全有可能发现把原料运上太空的全新方法或者更好地克服地球引力的方法，这样一来太空电梯就没什么优势可言了。不管科幻作家多么擅长预测未来，未来都是未知的，并笼罩在“混沌面纱”之下。

“混沌面纱”听上去好像漫画中反派人物的武器，但它能反映出我们试图在一个非常复杂的系统（比如世界科技发展）里预测未来的后果。气象学家爱德华·诺顿·洛伦兹用计算机模拟空气流动之后，提出了数学领域的混沌理论。有一次，他在早期的计算机上运行气象预测模型。他想直接从程序的中段重启，便输入了之前打印在纸上的上一次计算的参数。但令他惊讶的是，他得到了和前一次计算完全不同的模拟结果。原来问题出在打印的数据只精确到小数点后 4 位，但计算机使用的数据是精确到小数点后 6 位。某一个变量的很小差异，会导致最后结果出现很大的差异，这就是典型的混沌系统。

在理论上，如果有某个系统的完整且精确的细节，我们确实可以预测其结果。但实际上，我们周围的各种各样的系统——股票市场和天气预报就是绝佳的例子——都太复杂了，一个变量的微小变化就会对结果产生巨大的影响，所以预测基本上是不切实际的。正因为如此，虽然有很多公司在提供未来 10 天的天气预报，但是试图用数学模型预测天气还不如单纯描述某个地点在某个时间可能的天气情况更准确。

准确的天气预报都这么复杂，准确预测人类行为与思想、科技发展则更是难上加难。我年轻时曾以做类似的预测为生，现在想想真是荒唐。在艾萨克·阿西莫夫的基地系列作品中，数学天才哈里·谢顿和他的追随者用极其复杂的数学概率模型——“心理史学”——预测出银河帝国最终会瓦解崩溃。心理史学基于一个基本的观察：预测群体的行为比预测个人的行为要简单得多。

物理学专业本科毕业之后，我在考虑未来要做些什么。我当时对“运筹学”特别感兴趣，运筹学需要用统计学知识来解决包括天气预报在内的商业问题，它是一种能让科幻作品成真的办法。之后我去攻读了运筹学硕士学位，然后进入英国航空公司工作。运筹学是一个强大的学科，但和心理史学还是没法比，因为人类的行为复杂多样、难以捉摸，特别是当人类面对新环境和科技发现的时候。

在阿西莫夫的书中，一个名叫“骡”的变异人颠覆了预测系统，“骡”是一种行为习惯完全偏离心理史学预期的突变体。阿西莫夫可能忘了（或者更有可能的是，他故意这样写，毕竟他是一个生物学家）我们都是突变体，各不相同，行为也千差万别。数学计算并不能精准预测我们的行为，不管是从未来学的角度，还是从科幻作品的角度（可能更有意义）。

最后，当面对想象中的未来技术时，如果预测未来是不可能的，那么留给科幻作家的只有第三种选择：不加解释，简单地改变一下现实，任何事情都可能发生。从书或者电影的角度看，重要的事情并不是其提到的新技术是否会成为现实，而是假设一个技术飞跃已经实现，故事的发展是否符合逻辑、连贯统一。这个飞跃正是科幻作品和奇幻作品的分水岭。即便如此，绝佳的奇幻作品也是连贯统一的。对读者来说，科幻作品最吸引人的地方还是在某个技术飞跃改变了世界的规则后，后续的故事仍能够与这个世界自洽，而无须继续依靠另一个神奇的技术飞跃。

如果这个作品中的技术飞跃是本章之前提到的那些，比如超光速、即时通信、反重力等，那么，即便使用了本书没有讨论过的新奇方法，这些技术也很可能永远不会成真。但正是这些技术的存在，才使科幻作品的故事架构更加坚实。

如果你看一本近几年出版的科幻作品，你就会发现书里有好多要素都和20世纪40年代的科幻作品大同小异。比如英国作家伊恩·班克斯的“文明”系列。在《腓尼基启示录》（*Consider Phlebas*）和《游戏玩家》（*The Player of Games*）中，班克斯畅想出未来星球和文明的一整套体系。他的写作风格（对于故事主线一丝不苟地追求细节，如果你喜欢这种手法）完全超越了20世纪40年代的太空歌剧，但班克斯笔下的未来给人似曾相识的感觉。他的故事里也有智能设备、巨型的超光速宇宙飞船、可以自由转换性别的角色，以及拥有中世纪价值观的战士等。

在21世纪，科幻作家有机会了解最前沿的科学和技术。现在的科幻作家再也不会犯三四十年前科幻作家犯下的错误，那时候的一些作家甚至不了解计算机和电话的原理。但是，现代作家难免也会犯下许多在三四十年后被认清的错误。现在已经有许多新科技都可以被科幻作家用于新的创作，比如有无限可能的量子纠缠或者可以实现电气革命的室温超导体。

本书（英文版）出版前的几个月恰恰是科幻“未来史”中最著名的日期之一——2015年10月21日。1985年《回到未来》（*Back to the Future*）首次登上大银幕的时候，马蒂·麦佛莱乘坐布朗博士用德罗宁跑车改装而成的时光机，来到了30年后的这一天。1985年版的《回到未来》只是短暂地访问了2015年，而《回到未来2》和《回到未来3》则侧重描写未来。这个系列的电影给我们上了生动的一课，即透过科幻作品看未来，有对也有错。

《回到未来2》和《回到未来3》中最著名的未来技术是能在空中飘浮的滑板——悬浮滑板。电影中马蒂使用的那种滑板可能永远不会成为现实，尽管在2014年10月，Kickstarter（美国创意众筹公司）的网站上展示过一款悬浮滑板。位于加利福尼亚的创业公司Arx Pax推出了一款Hendo悬浮滑板，使用了磁悬浮技术，这意味着Hendo悬浮滑板只能在非铁的金属（比如铜和铝）上方使用。所以在出现金属人行道之前，我们不太可能会看见儿童们像电影中那样玩悬浮滑板。

《回到未来》系列电影中还有其他因素吸引了我的注意力，那就是信息技术。（也许是因为我实在不会玩滑板。）其中有些信息技术非常落伍，在马蒂的未来生活里，他们还在用激光唱片（你还记得它们吗？）来存储信息。但在这部电影里，计算机及信息技术和日常生活的结合非常完美。比如，马蒂用平板电脑签署文件（和现在的平板电脑比虽然有些古板，但是和苹果平板电脑比较类似）；在另一个场景中，未来的家庭在餐桌周围就座，用便携的通信设备就能和其他没到场的朋友交流（电影中的通信设备是玻璃，而非智能手机，但效果是一样的）。

电影中的 2015 年和现实既有很多不同，也有很多类似的地方。但最有意思的则是新科技对日常生活的影响，比如一家人围坐在一起的场景。好的科幻作品会继续引发我们思考新科技在日常生活中的应用，以及它们在未来对人类生活体验的改变。科幻作品让我们有机会去思考明天的 100 亿个可能。

致谢

感谢我的编辑迈克尔·霍姆勒、劳伦·雅布隆斯基，还有圣马丁出版社为这本书的顺利出版做出贡献的每个人。

我还要感谢一些学术作家，比如长期研究科技对社会影响的哲学教授尼克·波斯特洛姆。我还要感谢科幻界的巨匠们，他们让我对科幻作品产生兴趣，他们是这本书很多章节的灵感来源。

这些科幻巨匠们包括当代作家亚当·罗伯茨，还有晚年饱受癌症折磨的伊恩·班克斯；同时，我要特别感谢早期经典的科幻作家们，他们让通俗读物变成文学作品。我要感谢艾萨克·阿西莫夫、罗伯特·海因莱因、弗雷德里克·波尔、西里尔·科恩布卢特、阿尔弗雷德·贝斯特尔和约翰·温德姆，还有许多激发读者思考的作家们。虽然科幻电视剧和电影常常被专家认定为二流作品，但是科幻作品确实有极大的文化影响力。因此，在所有伟大的科幻作品中，我要特别感谢产生了巨大文化影响的《神秘博士》《星际迷航》《星球大战》和《黑客帝国》。

许多科学家把自己事业的起点归功于科幻作品，许多科幻作家也是如此。我特别要感谢皮特·莫里斯博士，他每次说“你有没有想过”，都成为本书新一章的起点。

〈 注 释 〉

第 1 章[①]

雾里看花

PAGE 3—Arthur C. Clarke's prediction of geostationary communication satellites was in Arthur C. Clarke, "Extra Terrestrial Relays," *Wireless World* (October 1945): 305–8.

PAGE 3—The early predictions of nuclear war and atomic bombs came from H. G. Wells, *The World Set Free* (London: Corgi, 1976).

PAGE 4—Ernest Rutherford's dismissal of atomic power was quoted in an article in the *New York Herald Tribune*, September 12, 1933.

PAGE 5—The identification of Verne's error in comparing his work with that of H. G. Wells is pointed out by Adam Roberts in Vassili Christodoulou's interview with Roberts, "In Praise of Sci-Fi," IAI News, accessed September 5, 2014, iainews.iai.tv/articles/in-defence-of-sci-fi-auid-385.

PAGE 9—Hugo Gernsback's definition of scientifiction is quoted in John Clute and Peter Nicholls, *The Encyclopedia of Science Fiction* (London: Orbit, 1999), p. 311.

---

① 本部分所标页码都为原版书页码。——编者注

第2章
蓝色药丸？红色药丸？

PAGE 15—The story in which "cyberspace" is first used by Gibson was William Gibson, "Burning Chrome," *Omni* (July 1982).

PAGE 18—Information on John Carmack's inspiration by the *Star Trek* holodeck is from David Kushner, *Masters of Doom* (London: Piatkus, 2003), p. 25.

PAGE 24—The experiment relaying images from a cat's retina onto a screen is described in G. B. Stanley, F. F. Li, and Y. Dan, "Reconstruction of Natural Scenes from Ensemble Responses in the Lateral Geniculate Nucleus," *Journal of Neuroscience* 19, no. 1 (1999): 8036–42.

PAGE 25—The four books in James Blish's *Cities in Flight* sequence are: *They Shall Have Stars* (London: Arrow, 1974), *A Life for the Stars* (London: Arrow, 1974), *Earthman, Come Home* (London: Arrow, 1974), and *A Clash of Cymbals* (London: Arrow, 1974).

PAGE 29—The 1956 research showing no value from sleep learning is described in Charles Simon and William Emmons, "The EEG, Consciousness and Sleep," *Science* 124 (1956): 1066–69.

PAGE 29—Research showing that memory consolidation could be added during sleep with an odor is described in Susanne Diekelmann, Christian Büchel, Jan Born, and Björn Rasch, "Labile or stable: opposing consequences for memory when reactivated during waking and sleep," *Nature Neuroscience* 14 (2011): 381–86.

PAGE 29—Research linking hearing music during sleep to better recall is Thomas Schriener and Björn Rasch, "Boosting Vocabulary Learning by Verbal Cueing During Sleep," *Cerebral Cortex* (2014), doi: 10.1093/cercor/bhu139, accessed September 29, 2014.

PAGE 30—Research showing improvement of memory consolidation during sleep with transcranial stimulation is Lisa Marshall, Matthias Mölle, Manfred Hallschmid, and Jan Born, "Transcranial Direct Current Stimulation During Sleep Improves Declarative Memory," *Journal of Neuroscience* 24, no. 44 (November 3, 2004): 9985–92, doi: 10.1523/JNEUROSCI.2725-04.2004, accessed September 29, 2014

PAGE 32—The figure of more than $2 trillion as the cost of another Carrington event is quoted in a NASA Science News piece, accessed July 30, 2014, science.nasa.gov/science-news/science-at-nasa/2014/02may_superstorm/.

PAGE 34—The use of high-altitude nuclear explosions to generate electromagnetic pulses (EMPs) is discussed in Edward Savage, James Gilbert, and William Radasky, *The Early-Time (E1) High-Altitude Electromagnetic Pulse (HEMP) and Its Impact on the U.S. Power Grid* (January 2010), available at web.ornl.gov/sci/ees/etsd/pes/pubs/ferc_Meta-R-320.pdf.

PAGE 35—Larry Niven first used the term "wirehead" in the novella *The Defenseless Dead,* published in the collection Roger Elwood (ed.), *Playgrounds of the Mind* (New York: Fawcett 1973).

PAGE 35—The idea of artificial intelligences tending to become wireheads is raised in Nick Bostrom, *Superintelligence* (Oxford, UK: Oxford University Press, 2014), p. 122.

第3章

广告狂人

PAGE 37—Quotes on science fiction advertising and marketing methods are from Frederik Pohl and C. M. Kornbluth, *The Space Merchants* (London: Penguin Books, 1965), pp. 9–10.

PAGE 38—The more aggressive Mokie-Koke advertising is described in Frederik Pohl, *The Merchants' War* (London: Futura, 1986), pp. 47–49.

PAGE 40—Claims of James Vicary's success in the use of subliminal advertising were made in "'Persuaders' Get Deeply 'Hidden' Tool: Subliminal Projection," *Advertising Age*, September 16, 1957, 127.

PAGE 41—One of several studies showing a preference for a particular brand but an inability to prime for thirstiness using subliminal means is Johan C. Karremans, Wolfgang Strobe, and Jasper Claus, "Beyond Vicary's Fantasies: The impact of subliminal priming and brand choice," *Journal of Experimental Social Psychology* 42, no. 6 (November 2006): 792–98.

PAGE 43—Details of the Spanish poster campaign with different messages at adult and child's height are from David Kiefaber, "Child-Abuse Ad Uses Lenticular Printing to Send Kids a Secret Message That Adults Can't See," *Adweek*, May 6, 2013, accessed October 8, 2014, www.adweek.com/adfreak/child-abuse-ad-uses-lenticular-printing-send-kids-secret-message-adults-cant-see-149197.

第4章

全能力场

PAGE 50—Details of the inclusion of a form of tractor beam in a posthumous Verne book are from Stephen R. Wilk, *How the Ray Gun Got Its Zap* (Oxford, MA: Oxford University Press, 2013), p. 220.

PAGE 50—The first use of "tractor beam" can be found in E. E. Smith, *Spacehounds of IPC* (Reading, UK: Fantasy Press, 1947), p. 117.

PAGE 51—The Australian water-based tractor beam is described in Jonathan Webb, "Physicists make 'tractor beam' in water," BBC News, accessed August 12, 2014, www.bbc.co.uk/news/science-environment-28739368.

PAGE 53—For a demonstration of a Crookes radiometer or light mill in action see www.universeinsideyou.com/experiment4.html, accessed August 6, 2014.

PAGE 53—Details of possible optical technologies for real, small-scale tractor beams are from Aristide Dogariu, Sergey Sukhov, and Juan José Sáenz, "Optically induced 'negative forces.' *Nature Photonics* 7, no. 1 (2013): 24–27.

PAGE 54—The tractor beam using a donut-shaped laser beam and glass spheres is described in Vladlen Shvedov, Arthur R. Davoyan, Cyril Hnatovsky, Nader Engheta, and Wieslaw Krolikowski, "A long-range polarization-controlled optical tractor beam," *Nature Photonics* (2014), doi: 10.1038/nphoton.2014.242.

PAGE 56—Details of the magnetic "tractor beam" for nonmagnetic objects is from Maria Dasi Espuig, "Scientists manipulate magnetically levitated objects," BBC News, accessed September 5, 2014, www.bbc.co.uk/news/science-environment-28904406.

PAGE 57—The article claiming that we are beginning to get holodeck technology was Nick Bilton, "The Holodeck Begins to Take Shape," *New York Times,* January 27, 2014, B5.

PAGE 60—Realistic full-color images in holograms can be seen on the Colour Holographic Web site, accessed September 24, 2014, www.colourholographic.com.

第 5 章

机器人和仿生人

PAGE 65—*R.U.R.* is available in translation by the author in Karel Čapek, *R.U.R. & War with the Newts* (London: Orion, 2011).

PAGE 65—The early uses of the word "android" to mean a

mechanical human are referenced in the *Oxford English Dictionary*, accessed September 5, 2014, www.oed.com/view/Entry/7333.
PAGE 66—Information on Leonardo da Vinci's automata from Marina Wallace (ed.), *30-Second Leonardo da Vinci* (Lewes, UK : Ivy Press, 2014), p. 90.
PAGE 70—For more on the science fiction portrayal of the nanotechnology threat, see Michael Crichton, *Prey* (New York: Harper Collins, 2002).
PAGE 70—For more on nanotechnology, nanobots, and assemblers, see K. Eric Drexler, *Engines of Creation* (New York, Bantam, 1986).
PAGE 71—A transcript of Feynman's talk is available at Richard Feynman (1959), *Plenty of Room at the Bottom* [online] MSU Department of Physics and Astronomy. Available at www.pa.msu.edu/~yang/RFeynman_plentySpace.pdf, accessed February 12, 2015.

第6章

恐龙复活

PAGE 79—The quote on grinding dinosaur bones is from Michael Crichton, *Jurassic Park* (London: Random House, 1993), p. 63.
PAGE 79—The discovery of T. rex hemoglobin is detailed in Mary H. Schweitzer et al, "Heme compounds in dinosaur trabecular bone," *Proceedings of the National Academy of Science of the Unites States of America* 94 (June 1997): 6291–96.
PAGE 79—The quote on finding blood-sucking insects in amber is from Michael Crichton, *Jurassic Park* (London: Random House, 1993), p. 95.
PAGE 80—Details of the experiment determining the absence

of DNA in insects in copal are from "The final nail in the Jurassic Park coffin," University of Manchester News, September 12, 2013, accessed September 29, 2014, www.manchester.ac.uk/discover/news/article/?id=10630.

PAGE 80—Information on the half-life of DNA is from Matt Kaplan, "DNA has a 521-year half-life," *Nature*, October 10, 2012.

PAGE 85—Details on current state of mammoth research are summarized in Jeanne Timmons, "Could Ancient Giants Be Cloned," *Valley News*, January 7, 2013, accessed September 30, 2014, www.vnews.com/home/3694233-95/cloning-mammoth-mammoths-extinct.

第7章

超能力装备

PAGE 90—For more on the history of rocket belts, see Paul Brown, *The Rocketbelt Caper* (Amazon Kindle, 2009).

PAGE 90—Isaac Asimov's prediction of commuting by rocket belt is from "Life in 1990," *Science Digest*, August 1965, 63–70.

PAGE 94—Information on jumping stilts from Web sites including www.pro-jump.co.uk and getjumpingstilts.com, accessed October 1, 2014.

PAGE 95—Information on the SpringWalker is from the Web site www.springwalker.com, accessed October 1, 2014.

PAGE 96—Information on DARPA's Exoskeletons for Human Performance Augmentation program is from the DARPA Web site www.darpa.mil/dso/thrust/matdev/ehpa.htm, no longer available but accessed October 1, 2014, via web.archive.org/web/20070702155658/http://www.darpa.mil/dso/thrust/matdev/ehpa.htm.

PAGE 97—Details of the BLEEX exoskeleton are found in

H. Kazerooni, "The Berkeley Lower Extremity Exoskeleton Project," (paper presented at the Proceedings of the 9th International Symposium for Experimental Robotics, Singapore, June 2004).

PAGE 97—Information on the TALOS "Iron Man suit" request for proposals from www.army.mil/article/113332/_Iron_Man__style_suit_in_early_stages_of_development, accessed October 1, 2014.

PAGE 98—Information on DARPA's "Warrior Web" program from www.darpa.mil/Our_Work/BTO/Programs/Warrior_Web.aspx, accessed October 1, 2014.

PAGE 99—The artificial muscles are described in Von Howard Ebron et al, "Fuel-Powered Artificial Muscles," *Science* 311 (2006): 1580–83.

第 8 章
光束武器

PAGE 104—The MythBusters' attempts to recreate Archimedes' concentrated sunlight weapon, and alternative scientific trials are discussed in Stephen R. Wilk, *How the Ray Gun Got Its Zap* (Oxford, UK: Oxford University Press, 2013), pp. 12–23.

PAGE 104—The derivation and earliest known usage of "ray" in English is from the *Oxford English Dictionary,* accessed September 27, 2014, www.oed.com/view/Entry/158718.

PAGE 105—Details of early fictional ray guns are from Stephen R. Wilk, *How the Ray Gun Got Its Zap* (Oxford, UK: Oxford University Press, 2013) pp. 198–207.

PAGE 106—Details of Nikola Tesla's life and work from W. Bernard Carlson, *Tesla: Inventor of the Electrical Age* (Princeton, NJ: Princeton University Press, 2013).

PAGE 107—Tesla's claim that his weapon could bring down a fleet of 10,000 airplanes was reported in "Tesla, at 78, bares new 'death beam,'" *New York Times*, July 11, 1934, 18.

PAGE 108—The suggestion that Gene Roddenberry changed the name of the laser to "phaser" as he didn't want complaints that lasers couldn't stun people is from Stephen R. Wilk, *How the Ray Gun Got Its Zap* (Oxford, UK: Oxford University Press, 2013), p. 236.

PAGE 111—Information on the development of the laser from Brian Clegg, *The Quantum Age* (London: Icon Books, 2014), pp. 132–50.

PAGE 115—The light saber headlines quoted are from Fox News, September 29, 2013; *The Guardian* newspaper, October 1, 2013 ; and *Time* magazine, October 1, 2013, respectively.

PAGE 115—Professor Lukin's "It's not an inapt analogy" remark was reported in Peter Reuell, "Seeing light in a new way," *Harvard Gazette*, September 27, 2013.

第9章

外星人，你在哪儿?

PAGE 117—The description of the Martian is from H. G. Wells, *The War of the Worlds* (London: Penguin Books, 1956), pp. 132–33.

PAGE 124—Stephen Hawking's warning about the danger of contacting aliens is described in Brian Clegg, *Final Frontier* (New York: St. Martin's Press, 2014), pp. 82–83.

PAGE 133—Quotes from the Drake equation are taken from Frank Drake (1961). *The Drake Equation | SETI Institute.* [online] Seti .org. Available at www.seti.org/drakeequation, accessed February 12, 2015.

第 10 章
世界末日

PAGE 138—Sue Guiney's reminiscence of air raid drills is from her blog, www.sueguineyblog.blogspot.com.

PAGE 139—John Wyndham, *The Chrysalids* (London: Penguin, 1970).

PAGE 139—Walter M. Miller Jr., *A Canticle for Leibowitz* (London: Corgi, 1975).

PAGE 141—Brian Clegg, *Xenostorm: Rising* (Golden: Reanimus Press, 2013).

第 11 章
神秘能量

PAGE 146—For more on superconductors and magnetic levitation see Brian Clegg, *The Quantum Age* (London: Icon Books, 2014), pp. 173–200.

PAGE 146—Details of floating frogs and antigravity are from Brian Clegg, *Gravity* (New York: St. Martin's Press, 2012), pp. 250–80.

PAGE 152—The comparison of energy density of different fuels is taken from Richard A. Muller, *Physics for Future Presidents* (New York: W. W. Norton, 2008), p. 69.

PAGE 153—For details of different types of spaceship propulsion see Brian Clegg, *Final Frontier* (New York: St. Martin's Press, 2014).

PAGE 154—Details of Project Orion from G. R. Schmidt, J. A. Bonometti, and P. J. Morton, "Nuclear Pulse Propulsion—Orion and Beyond," (paper presented at the 36th AIAA/ASME/SAE/ASEE Joint Propulsion Conference, Huntsville, AL, July 2000).

PAGE 157—Information on Harold White's Alcubierre warp drive design is from Harold White, "Warp Field Mechanics 101," NASA Archive, accessed September 9, 2014, ntrs.nasa.gov/archive/nasa/casi.ntrs.nasa.gov/20110015936_2011016932.pdf.

第 12 章

瞬间移动

PAGE 160—Charles Fort's coining of the word "teleportation" was in Charles Fort, *Lo!* (New York: Cosimo Inc., 2006), p. 53.

PAGE 162—The first reference to the Mary Celeste as "Marie Celeste" is in "J. Habakuk Jephson's Statement," collected in Arthur Conan Doyle, *The Captain of the Polestar and Other Stories* (Auckland, New Zealand : The Floating Press, 2010), pp. 44–87.

PAGE 163—Details of the Lan Wright novel "Transmat" are from John Clute and Peter Nicholls, *The Encyclopedia of Science Fiction* (London: Orbit, 1999), p. 787

PAGE 168—For more on quantum teleportation see Brian Clegg, *The God Effect* (New York: St. Martin's Griffin, 2009), pp. 205–19.

第 13 章

登上月球

PAGE 170—For more on other aspects of space travel, see Brian Clegg, *Final Frontier* (New York: St. Martin's Press, 2014).

PAGE 171—The parody of Tolkein's *The Lord of the Rings,* originally published in 1969, is The Harvard Lampoon, *Bored of the Rings* (London: Gollancz, 2003).

PAGE 177—*Destination Moon* is available online at www.youtube.com/watch?v=DsisGSBlQqo.

PAGE 182—President Obama's "been there before" remark comes from his remarks on space exploration in the 21st century speech made at the John F. Kennedy Space Center in Florida, transcribed at Barack Obama (2010). *NASA - President Barack Obama on Space Exploration in the 21st Century.* [online] Nasa.gov. Available at: www.nasa.gov/news/media/trans/obama_ksc_trans .html, accessed February 12, 2015.

PAGE 185—Information on the difficulties and potential of the Moon as a colony from Brian Clegg, *Final Frontier* (New York: St. Martin's Press, 2014), pp. 114–22.

第 14 章
即时通信

PAGE 190—The development of the ansible is described in Ursula Le Guin, *The Dispossessed* (London: Gollancz, 1999).

PAGE 190—Details of the Dirac instant transmitter from James Blish, *The Quincunx of Time* (London: The SF Gateway, 2011).

PAGE 198—For background on superluminal experiments using tunneling, see Brian Clegg, *Light Years* (London: Icon Books, 2015), pp. 239–45.

PAGE 200—More details on Chiao's superluminal experiments can be found in A. Kuzmich, A. Dogarlu, L. J. Wang, P. W. Milonni, and R. Y Chiao, "Signal Velocity, Causality, and Quantum Noise in Superluminal Light Pulse Propagation," *Physical Review Letters* 86 (April 2001): 3925–29.

PAGE 202—For a summary of superluminal tunneling from the Nimtz viewpoint, see Horst Aichmann and Günter Nimtz, "The Superluminal Tunneling Story," at arXiv:1304.3155 [physics.gen-ph].

PAGE 204—Information on quantum entanglement from Brian Clegg, *The God Effect* (New York: St. Martin's Griffin, 2009.

PAGE 205—The details of Nick Herbert's instantaneous quantum entanglement communicator are in David Kaiser, *How the Hippies Saved Physics* (New York: W. W. Norton, 2011), pp. 209–14.

PAGE 206—Information on the entangled cat photograph is from Gabriela Barreto Lemos, Victoria Borish, Garrett D. Cole, Sven Ramelow, Radek Lapkiewicz, and Anton Zeilinger, "Quantum imaging with undetected photons," *Nature* (2014), doi: 10.1038/nature13586.

PAGE 206—Interview with Anton Zeilinger undertaken by the author after a lecture at the University of Cambridge Department of Applied Mathematics and Theoretical Physics in October 2004.

第 15 章
脑机连接

PAGE 209—The first appearance of "cyborg" in print was in *The New York Times*, May 22, 1960, 31.

PAGE 211—Information on cochlear implants and other neuroprosthetics from Brian Clegg, *Upgrade Me* (New York: St. Martin's Press, 2008), pp. 211–36.

PAGE 213—The mapping process for phosphenes using Dobelle's technology is described in Stephen Kotler, "Vision Quest," *Wired* 10 (2002): 94–101 .

PAGE 215—The paper describing the experiment giving direct control from the brain of electronic devices is L. R. Hochberg et al, "Neuronal ensemble control of prosthetic devices by a human with tetraplegia," *Nature* 442 (2006): 164–71.

PAGE 217—The experiment using monkeys' premotor cortex to predict intended motion is described in G. Santhanam et al, "A high-performance brain-computer interface" *Nature* 442 (2006): 195–98.

PAGE 218—The one-year experiment with a prosthetic arm using electrodes implanted in the patient's arm is described in Max Ortiz-Catalan, Bo Håkansson, and Rickard Brånemark, "An osseointegrated human-machine gateway for long-term sensory feedback and motor control of artificial limbs," *Science Transitional Medicine* 6 (October 8, 2014): 257.

PAGE 219—Details of the remote-controlled cyborg beetle from Emily Anthes, *Frankenstein's Cat: Cuddling up to Biotech's Brave New Beasts* (Oxford, UK: One World, 2013), pp. 146–66.

PAGE 220—Information on Backyard Brains's cyber cockroach from their Web site www.backyardbrains.com, accessed September 9, 2014.

PAGE 222—More details of Kevin Warwick's "cyborg" experiments are available from his Web site www.kevinwarwick.com, accessed September 9, 2014.

PAGE 224—The 2013 human-rat cyber-telepathy is described in Sara Reardon, "Interspecies telepathy: human thoughts make rat move," *New Scientist,* April 3, 2013, accessed September 8, 2014, www.newscientist.com/article/dn23343-interspecies-telepathy-human-thoughts-make-rat-move.html.

PAGE 224—The 2014 human cyber-telepathy is described in Carles Grau, Romuald Ginhoux et al, "Conscious Brain-to-Brain Communication in Humans Using Non-Invasive Technologies," *PLOS ONE,* accessed August 19, 2014, doi: 10.1371/journal.pone.0105225.

第 16 章

隐形技术

PAGE 226—The quote describing how a human is almost transparent is from H. G. Wells, *The Invisible Man* (London: Penguin Classics, 2012 Kindle edition), chapter 19

PAGE 228—The suggestion that the complexity of magic spells was to make them an entry point into a secret fraternity is from Philip Ball, *Invisible* (London: Bodley Head, 2014), p. 27.

PAGE 229—The way that chameleons use skin coloration for temperature regulation and signaling rather than concealment is described in Philip Ball, *Invisible* (London: Bodley Head, 2014), p. 233.

PAGE 230—The evolution of the peppered moth's concealment and variation when its habitat was darkened by industrial pollution is covered in Mark Fellowes and Nicholas Battey, *30-Second Evolution* (London: Icon Books, 2015), p. 104.

PAGE 231—Gene Roddenberry's indication that cloaking devices were too sneaky comes from "Memory Alpha," The Star Trek Wiki, accessed July 28, 2014, en.memory-alpha.org/wiki/Cloaking_device.

PAGE 237—The BAE Systems tank invisibility shield making it appear to be a family car is described in Peter Forbes and Tom Grimsey, *Nanoscience* (Winterbourne, UK : Papadakis, 2014), p. 94.

第 17 章
人工智能

PAGE 241—Marvin Minsky's near miss with a wrench on the set of *2001* and prediction of Hal-like abilities in "four and four hundred years" is in an interview with David Stork in David G. Stork (ed.), *Hal's Legacy* (Cambridge, MA: MIT Press, 2000), p. 24.

PAGE 242—Arthur C. Clarke's explicit denial that Hal was based on IBM by shifting each letter by one position in the alphabet is in Arthur C. Clarke's foreword to David G. Stork (ed.), *Hal's Legacy* (Cambridge, MA: MIT Press, 2000), p. xi.

PAGE 244—Murray Campbell's examination of Hal's chess game is in his section, "'An Enjoyable Game': How HAL Plays Chess," in David G. Stork (ed.), *Hal's Legacy* (Cambridge, MA: MIT Press, 2000), pp. 75–98.

PAGE 244—The history of the chess-playing mechanical Turk is described in Tom Standage, *The Mechanical Turk: The True Story of the Chess Playing Machine That Fooled the World* (London: Penguin Books, 2003).

PAGE 246—Information for the summary of early chess programs from the Murray Campbell section, "'An Enjoyable Game': How HAL Plays Chess," in David G. Stork (ed.), *Hal's Legacy* (Cambridge, MA: MIT Press, 2000), pp. 83–85.

PAGE 248—Information on Roger Bacon from Brian Clegg, *Roger Bacon: The First Scientist* (London: Constable, 2013).

PAGE 249—Quote about Bacon's talking head is from Anon, *History of Friar Bacon: Containing the Wonderful Things That He Did in His Life—Also the Manner of His Death, with the Lives and Deaths of the Two Conjurers, Bungye and Vandermast* (London: Banton, 1991), p. 17.

PAGE 249—Information on the history of speaking machines from the Joseph P. Olive section "'The Talking Computer': Text to Speech Synthesis" in David G. Stork (ed.), *Hal's Legacy* (Cambridge, MA: MIT Press, 2000), pp. 103–4.

PAGE 249—Internet video of dog saying "sausages" on YouTube at www.youtube.com/watch?v=ajsCY8SjJ1Y, accessed September 3, 2014.

PAGE 250—The first computer music, produced at the University of Manchester, is described in B. Jack Copeland, *Turing: Pioneer of the Information Age* (Oxford, UK: Oxford University Press, 2012), pp. 163–64.

PAGE 253—Information in the history of speech recognition from the Raymond Kurzweil section, "When will HAL Understand what we are Saying? Computer Speech Recognition and Understanding," in David G. Stork (ed.), *Hal's Legacy* (Cambridge, MA: MIT Press, 2000), pp. 145–50.

PAGE 254—Apple's Knowledge Navigator appears at a number of locations on YouTube including www.youtube.com/watch?v=QRH8eimU_20, accessed September 3, 2014.

PAGE 256—The claim that the Eugene Goostman chatbot passed the Turing Test is described in BBC News, "Computer AI passes Turing test in 'world first,'" accessed September 2, 2014, at www.bbc.co.uk/news/technology-27762088.

PAGE 261—The arguments that Hal isn't really intelligent are from the Douglas B. Lenat section, "From *2001* to 2001: Common Sense and the Mind of HAL" in David G. Stork (ed.), *Hal's Legacy* (Cambridge, MA: MIT Press, 2000), pp. 193–94.

PAGE 263—The novel featuring a Delphi-based government is John Brunner, *Shockwave Rider* (London: Dent, 1975).

PAGE 263—The work of futurology that inspired *Shockwave Rider* is Alvin Toffler, *Future Shock* (London: Pan Books, 1970).

第 18 章
明天的 100 亿个可能

PAGE 270—Information on space elevators and the difficulties in constructing them from Brian Clegg, *Final Frontier* (New York: St. Martin's Press, 2014), pp. 61–65.